결혼 건축가

THE MARRIAGE BUILDER
by Lawrence J. Crabb, Jr.

Originally published in the U.S.A. under the title: The Marriage Builder
Copyright ⓒ 1982, 1992 by Lawrence J. Crabb, Jr.
Published by permission of Zondervan, Grand Rapids, Michigan, U.S.A.
All rights reserved.

This Korean Edition Copyright ⓒ 2010 by Duranno Press,
95 Seobinggo-Dong, Yongsan-Gu, Seoul, Republic of Korea

본 저작물의 한국어판 저작권은 Zondervan과 독점 계약한 두란노서원에
있습니다. 신 저작권법에 의하여 한국 내에서 보호받는 저작물이므로 무단
전재와 무단복제를 금합니다.

결혼 건축가

지은이 | 래리 크랩
옮긴이 | 윤종석
초판 발행 | 1992년 10월 30일
개정 2판 32쇄 발행 | 2025. 4. 12

등록번호 | 제3-203호
등록된 곳 | 서울특별시 용산구 서빙고동 95번지
발행처 | 사단법인 두란노서원
영업부 | 2078-3333   FAX 080-749-3705
출판부 | 2078-3444

■책 값은 뒤표지에 있습니다.
ISBN 978-89-531-1415-9   03230

■독자의 의견을 기다립니다.
tpress@duranno.com   http://www.Duranno.com
■이 책의 본문은 개역개정 성경을 사용했습니다.

두란노서원은 바울 사도가 3차 전도여행 때 에베소에서 성령 받은 제자들을 따로 세워
하나님의 말씀으로 양육하던 장소입니다. 사도행전 19장 8-20절의 정신에 따라 첫째
목회자를 돕는 사역과 평신도를 훈련시키는 사역, 둘째 세계선교(TIM)와 문서선교(단행
본·잡지) 사역, 셋째 예수문화 및 경배와 찬양 사역, 그리고 가정·상담 사역 등을 감
당하고 있습니다. 1980년 12월 22일에 창립된 두란노서원은 주님 오실 때까지 이 사역
들을 계속할 것입니다.

커플들과 결혼 상담가들을 위한 결혼 청사진

결혼 건축가

래리 크랩 지음 | 윤종석 옮김

두란노

서문 ❧ 6

1부
결혼의 목표는 무엇인가

1장
결혼은 연합이다 ❧ 22

2장
영적 연합
나의 인격적 필요는 배우자가 채울 수 없다 ❧ 34

3장
정신적 연합 1
이용하려 들지 말고 섬기라 ❧ 68

4장
정신적 연합 2
화풀이보다는 대화를 하라 ❧ 96

5장
육체적 연합
인격적 의미를 수반해야 한다 ❧ 131

>> Contents

2부
결혼의 기초를 튼튼히 하라

머리말
결혼 건축의 필수 재료 ❦ 158

6장
결혼의 기초 1 **은혜** ❦ 162

7장
결혼의 기초 2 **헌신** ❦ 174

8장
결혼의 기초 3 **수용** ❦ 192

서문

일찍이 솔로몬은 "무엇을 가리켜 이르기를 보라 이것이 새 것이라 할 것이 있으랴 우리가 있기 오래 전 세대들에도 이미 있었느니라"(전 1:10)고 말한 바 있습니다.

나는 이제 결혼에 관한 또 하나의 책을 펴내려는 참입니다. 이 안에 뭔가 새로운 내용을 담는다는 것이 과연 가능할까요? 이제는 구태의연한 사실에 현대적 감각만 덧입혀 자꾸 책을 써 내기보다는 이미 아는 사실만이라도 확실히 실천하는 데 더 주력해야 할 때가 아닐까요? 위에 인용한 솔로몬의 하소연은 결혼이라는 주제에도 꼭 들어맞는 명언이 아닐는지요.

이런 장면을 상상해 봅니다. 결혼 생활에 권태를 느낀 이스라엘 왕 솔로몬이 현대의 한 기독교 서점에 천천히 걸어 들어갑니다. 목적은 갖가지 결혼 문제를 해결하는 데 도움이 될 만한 자료를 찾는 것입니다. 화려한 표지를 뽐내며 '결혼의 혁신'을 약속하는 수많은 책을 서너 시간 훑어보다 마침내 솔로몬은 축 처진 어깨로 한숨 섞인 말을 내뱉으며 서점을 나갑니다. "많은 책들을 짓는 것은 끝이 없고 많이 공부하는 것은 몸을 피곤하게 하느니라"(전 12:12).

The Marriage Builder

　이런 상상이 충분히 가능함에도 불구하고, 또한 솔로몬의 한숨 섞인 말이 적잖은 부담이 됨에도 불구하고, 왜 결혼에 관해 또 하나의 책을 써야 했는지 서문을 통해 그 이유를 말하려 합니다.

　오랫동안 부부 상담을 해 오면서 참 난감할 때가 많습니다. 친밀함과 만족을 방해하는 부부 관계에 꼼짝없이 갇혀 있는 부부를 무수히 만나기 때문입니다. 주일 아침 강단에 서서 설교할 때마다, 잘 차려 입고 들어와 찬송가를 함께 보며 풍성한 영생을 은혜로 주신 주님을 찬양하는 부부를 많이 보지만, 그때도 나는 과연 저들 중 진정한 연합을 누리는 부부가 얼마나 될까 생각하곤 합니다. 그들은 대부분 성경 원리대로 결혼 생활을 해 나가려고 진실로 노력하는 그리스도인들입니다.

　그런데도 결혼 생활에 긴장과 쓰라림, 거리감과 불만, 짧은 낭만과 긴 권태가 자주 불거지는 이유는 무엇 때문입니까? 왜 나는 때로 깊은 기도와 조용한 묵상 후에도 아내와 갈등에 빠지며, 그럴 때 아내를 어떻게 대하는 것이 연합을 지키는 반응인지 모른 채 고민해야 합니까?

　부부의 친밀함을 지켜 주는 실제적 해답은 있는 것입니까? 아니면 결혼에 관한 성경 구절은 늘 외우면서도 그 원리가 삶 속에 실제로 나타나지 않는 이유를 모른 채 그냥 주저앉아야 합니까? 우리 중에는 가족 관계에 관한 책을 꽤 읽어 본 이들도 많습니다. '최고의' 복음적인 강사로부터 기독교 가정에 관한 강의도 들었을 것입니다. 그런 면에서 우리가 받은 도움과 축복은 참으로 큽니다. 그러나 아직도 먹구름은 남아 있습니다. 아직도 뭔가 빠져 있음을 느낍니다. 왜 그렇습니까?

이런 만만찮은 질문에 대한 답을 우리의 기존 결혼관에 숨어 있는 몇 가지 위험한 성향에서 찾을 수 있습니다. 이런 성향들은 간교한 거짓을 그럴듯한 진실로 위장하고 있습니다. 많은 복음적 교회조차도 무의식중에 이런 성향을 받아들여 왔으며, 그 결과 가정에 관한 성경의 바른 가르침은 눈에 띄지 않게 조금씩 힘을 잃고 있습니다. 결혼 생활에 실패했다며 찾아오는 부부들과 상담을 하다 보면 대개가 이런 잘못된 성향에 피해를 입고 있음을 봅니다. 이제 그 성향을 크게 넷으로 나누어 설명하겠습니다.

가장 먼저 꼽고 싶은 잘못된 성향은 성경이 복잡한 문제를 간단히 해결해 줄 수 있다는 가정입니다. 지금 우리는 신속 처방의 시대에 살고 있습니다. 알약 하나면 불면증으로 잠 못드는 괴로운 밤도 평화로운 단잠에 빠지는 밤으로 바꿀 수 있습니다. 드라마에 나오는 얽히고설킨 가정 문제들은 드라마가 끝나기 전에 반드시 해결됩니다. 결혼 문제에서도 이토록 빠르고 간편한 해답을 구하며, 이미 심각한 상태에 빠진 부부 관계를 '1단계, 2단계, 3단계' 식으로 쉽게 풀어 줄 공식을 찾는 이들이 많습니다.

우리의 사고가 왜 이렇게 단순화되고 있습니까? 그 이유 중 하

The Marriage Builder

나로, 현대의 많은 전문 상담가가 죄인인 인간의 삶을 복잡한 심리학 이론으로 설명하려는 경향을 보이자 사람들이 거기 반감을 느껴 일부러 반대쪽으로 과잉 반응하고 있다는 점을 들고 싶습니다. 그리스도인 심리학자 중에도 죄와 책임보다는 무의식의 동기와 정서적 상처를 더 많이 얘기하는 이들이 적지 않으니 참 유감스러운 일입니다. 그 결과, 바른 삶의 선택을 강조하는 성경의 가르침이 약화되고 있습니다. 다행히 많은 그리스도인이 죄를 심리학적 인과 관계로 설명하려는 여러 입장에 강한 반대를 표명하고 있으며 나도 그중 한 사람입니다.

요컨대 죄에 대해 양극단 의견이 있는 셈입니다. 한쪽은 인간 심리의 심층 과정에 관심을 둡니다. 이들은 죄를 반항적 불신의 결과라기보다 정서 장애의 증상으로 설명합니다. 반면 다른 한쪽은 자발적 의도와 의식적 선택에 초점을 둡니다. 죄를 의지적 선택 행위로 설명하는 것입니다.

아내를 비난하는 남편이 있다고 합시다. 이것을 후자의 견해로 본다면, 문제는 남편이 비난이라는 옛사람의 옷을 벗고 사랑과 친절이라는 새사람의 옷을 입기로 선택할 것인가로 집약됩니다. 아내를 성경적으로 대하지 못한 것은 완악한 죄성 때문이지 정서적 혼란 때문이 아닙니다. 같은 문제를 전자의 견해로 볼 경우, 결혼에 대한 불만, 여자에 대한 적의, 기타 심리적 요인을 파헤쳐 남편의 잘못된 행동의 근본적인 원인을 규명하는 것이 문제의 초점이 됩니다.

나는 개인의 책임을 경시하는 입장에는 일단 반대입니다. 인간에게는 삶의 상황에 대해 반응을 선택할 책임이 있다고 봅니다. 그런데 선택의 책임을 강조하는 입장에도 허점은 있어, 자칫하면 죄를 행동 차원에서만 피상적으로 이해할 위험이 있습니다. 얼른 보면 죄는 행동으로 다 설명될 것 같기도 합니다. 행동을 '죄 문제의 총합'으로 보는 것입니다. 정말 행동 방식이 문제의 뿌리라면 결혼 문제도 간단히 해결됩니다. 잘못된 행동을 찾아내 옳은 행동으로 고치기로 마음먹으면 됩니다. 다시 말해서 행동을 바꾸어 그간의 비성경적 생활을 멈추고 성경적 생활을 시작하면 됩니다.

그리스도인의 성장이 순종 없이 불가능하다는 것은 사실입니다. 순종을 경시하는 심리학 이론을 거부하고 여전히 순종을 강조하는 것은 성경의 가르침에 정확히 부합되는 일입니다. 그러나 순종을 행동 선택의 차원에서만 이해한다면 그것은 성경이 가르치는 인간 생활의 복잡성을 충분히 고려하지 않는 것입니다.

때로 심령의 변화 없이도 외적 변화를 결단해야 하는 것이 순종의 요구입니다(대하 34:33, 7:3-4 참조). 그러나 그리스도인의 성장은 외적 순종만으로 되지 않습니다. 순종과 관련된 다른 중요한 요소가 인간의 내면에 자리하고 있습니다.

인간의 본성은 철저히 죄로 물들어 있기에 성화의 작업은 단순히 "네 방식을 버리고 하나님 방식대로 하라"는 말로 이루어지지

The Marriage Builder

않습니다. 죄는 우리의 행위뿐 아니라 사고와 목표와 감정까지 오염시켰습니다. 행위를 바꾼다고 존재까지 바뀌는 것은 아닙니다. 우리 행위의 많은 부분을 통제하고 있는 이기심과 두려움은 간단한 처방으로 해결되지 않습니다. 우리는 마음이 어떻게 자신을 속이고 있는지 이해할 필요가 있습니다. 자신의 목표가 잘못되었다는 것을 이해하고, 자신의 감정에 솔직히 부딪혀야 하며, 죄와 아픔에 찌든 정서를 하나님의 무조건적 수용을 믿는 믿음 안에서 풀어 가야 합니다. 당위적 행동의 처방만으로는 안 됩니다. 성공적인 가정생활을 약속하는 단계별 행동 공식은 상처를 피상적으로만 취급할 뿐 진정한 병인(病因)은 가려낼 수 없습니다.

그리스도인의 결혼 생활, 또는 온전한 그리스도인의 생활에 대한 두 번째 잘못된 견해는 행복과 만족의 매혹적 강조라 할 수 있습니다. 찬송가에도 이런 사상이 담긴 것이 있습니다. 고난 중에도 하나님 앞에 거룩한 모습으로 끝까지 순종해야 한다는 측면을 간과한 채 행복한 기분만 노래하는 가사입니다. 많은 그리스도인의 마음속에 주님을 따른다는 것은 문제없이 신나는 삶, 만족한 기분, 더 좋은 기회의 연속이라는 생각이 무의식중에 자리 잡고 있습니다.

최근 10-20년 사이 우리는 종래의 '행복을 찾아라, 기분이 최고다' 따위의 약간 저차원인 듯한 말을 버리고 그 자리에 뜻은 같지만 좀 더 그리스도인답게 들리는 '충만한 삶, 건강한 자아' 따위의 표현을 사용해 왔습니다. 그리스도인에게 약속된 기쁨과 평화가 세상이 말하는 만족과 혼동되고 있습니다. 이는 비슷한 것 같지만 전혀 다른 개념입니다. 주관적 환희의 체험이 죄성을 지닌 인간의 최고 목표가 되었으며, 그 충족 경위가 성경에 나타난 하나님의 거룩한 성품에 합당한 것인지의 여부는 나중 문제입니다.

심지어 일각에서는 간음이나 이혼이나 동성연애도 행복만 준다면 얼마든지 수용할 수 있다고 주장하며 인간관계의 만족을 운운하는 것이 우리의 현실입니다. 그들은 말합니다. "난 행복해야 된다. 나를 표현해야 된다. 내 만족스런 생활을 제한하거나 판단하지 말라. 네 율법적 도덕의 틀 안에 날 가두려 들지 말라. 나는 나다. 내가 좋은 것을 해야 한다. 하나님도 내가 온전한 사람이 되기 원하신다. 하지만 전통적 도덕의 틀 안에서는 온전해질 수 없다."

우리는 행동 이후의 기분 상태를 행동의 옳고 그름의 판단 기준으로 삼아 '만족의 도덕'이라는 새로운 상황 윤리를 조장하고 있습니다. 순서와 실속에서 '만족'이 '순종'을 앞지르고 있습니다. 이러한 우선순위의 전복과 그로 인한 피해는 심리학자들에게 많은 원인이 있습니다.

그렇다면 만족이란 전혀 성경적 개념이 아닙니까? 물론 그렇지 않습니다. 인간이란 누구나 잘되고 싶은 본능이 있으며 그것은 정당한 것입니다. 내게도 만족감을 향한 끝없는 갈망이 있습니다. 그런 갈망을 죄로 보지 않기에 거리낌 없이 고백합니다.

The Marriage Builder

문제는 잘되고 싶은 마음이 아니라 무엇을 진정 잘되는 길로 보는가에 있습니다. 즉각 잘되는 느낌이 드는 일이라면 무엇이든지 좇겠다는 생각은 얼른 보면 만족을 성취하기 위한 똑똑한 전략 같습니다. 그러나 성경은 "어떤 길은 사람이 보기에 바르나 필경은 사망(허무와 비탄)의 길"(잠 14:12)이라 말합니다. 성경은 우리에게, 누구든지 주를 위하여 자기 목숨을 잃는 자가 얻을 것이며, 그리스도와 함께 십자가에 못 박힌 자로 그분만을 위해 살아야 한다고 말합니다. 이 말씀을 통해 우리는 참된 만족이란, 만족 자체에 몰두함으로 얻는 것이 아니라 절대 복종으로 힘써 하나님을 알아갈 때 얻는 것임을 분명히 깨닫습니다.

다시 말해 만족에 이르는 길은 '전방에 쾌락 있음' 내지는 '맘에 들면 계속 가시오' 따위의 표지판이 늘어선 길이 아닙니다. 참된 기쁨, 영원한 기쁨에 이르는 유일한 길은 '순종'이라는 표지판이 세워진 가파르고 울퉁불퉁한 길입니다.

우리는 행복을 가져다주는 것이면 무엇이든 옳다는 윤리를 받아들여 잘되고 싶은 타고난 본능을 그 윤리로 포장합니다. 얼마 전 어떤 여성에게서 들은 말입니다. "저는 성경을 따르고 싶습니다. 하지만 남편과의 관계가 이대로 계속된다면 행복할 수 없습니다. 그 사람은 내가 사랑할 남자가 못 됩니다." 나는 이 여성과 함께 성경을 따르는 삶의 의미에 대해 얘기했습니다. 결국 그녀는 하나님이 자기에게 원하시는 일이 도덕에 대한 성경적 재고(再考)라는 고된 작업임을 분명히 깨달았습니다.

  너무도 많은 사람이 성경은 저만치 덮어둔 채 이런 주장만 되풀이합니다. "하나님은 내가 행복하고 만족하기 원하신다. 하지만 이런 결혼 생활이라면 아무리 노력해도 행복과 만족을 얻을 수 없다." 과연 하나님은 우리를 잘되게 하려는 깊은 생각을 품고 계신 사랑의 아버지이며 동시에 우리에게 인간의 도덕을 당신 말씀의 수준으로 끌어올리는 고된 작업을 요구하시는 분입니다. 이것을 믿는다는 것은 쉬운 일이 아닙니다.

  세 번째 잘못된 성향은 두 번째 성향과 깊은 관련이 있습니다. 바로 심리적 필요가 결혼 문제의 초점이 되었다는 사실입니다. 이제 성경은 정서적 필요를 채우는 방법을 찾는 참고서 신세가 되었습니다. 그 결과, 성경과의 일치성 대신 나 자신의 필요와 정서적인 일치성이 모든 계획, 예컨대 "남편한테서 벗어나자", "이 얘기는 꺼내지 말자, 괜히 말싸움 나느니 그게 낫겠어" 등의 가치를 따지는 기준이 됩니다. 권위의 문제는 참으로 위험한 지경까지 왔습니다.

  내 필요를 채워 줄 잠재력을 따져 행동을 정한다는 얘기는 곧 무오(無誤)한 성경의 권위를 인간의 가치관으로 대치한다는 뜻입니다. '이 방법이 행복한 결혼 생활에 효과가 좋습니다'나 '이 단계를 실천하면 자존감이 높아집니다' 따위의 충고가 '이것이 성경이 가르치는 바입니다' 식의 상담보다 인기를 끌고 있는 것입니다.

The Marriage Builder

우리는 자신도 모르는 사이에 성경의 권위에서 인간의 생각으로 옮겨 가고 말았습니다. 이런 인간 중심의 기초에서 다음 두 가지 잘못된 이론이 나옵니다.

첫째, 사람의 필요가 제일 중요하다.

둘째, 이 필요를 채우는 과정에서 성경의 가르침도 유익할 때가 있다.

얼른 보면 별 문제가 없는 듯합니다. 그러나 결국 이것은 그리스도가 우리의 필요를 위해 오신 분이 아니라는 얘기가 됩니다. 과연 그렇습니까? 이 오류는 미미해 보이지만 사실 매우 중대한 것입니다. 이런 생각을 따르는 곳에서는 사람이 무대의 중심에 섭니다. 조명과 모든 시선이 사람에게 집중됩니다. 하나님은 자기만족을 구하는 인간에게 무대 뒤에서 충고나 해 주는 존재일 뿐입니다.

성경은 조명 받으실 분이 예수 그리스도의 인격이라 말합니다. 그분은 우리에게 당신의 영광 안에서 자기를 잃음으로 영원한 만족을 얻으라고 친절히 일러주십니다. "내게 사는 것이 그리스도"(빌 1:21)라고 고백한 바울은 참된 만족에 대한 그분의 말씀을 정확히 깨달은 사람입니다.

마지막으로 지적하려는 잘못된 성향은 가정 문제를 단편적으로 이해하는 것입니다. 훌륭한 그리스도인 남편과 아버지가 되는 법에 대한 좋은 책이 많이 나와 있습니다. 여성을 위한 책도 많이 있어 언제든 손만 뻗치면 좋은 어머니가 되는 법부터 시작해 요리법은 물론 순종의 교훈, 복음적이면서도 자유로운 여성이 되는 길에 이르기까지 다양한 교훈을 접할 수 있습니다. 그러나 하나님의 결혼 계획에 대한 포괄적 이해를 돕는 부분에서는 상대적으로 별 노력을 기울이지 않는 것이 최근의 현실입니다. 전체 그림에 대한 분명한 이해가 없으면 결혼 생활 각 부분의 소소한 책임을 오해하거나 왜곡하기 쉽습니다. 예컨대 흔히 순종이라고 하면 아내들은 '남편 말에 무조건 따르는 것'으로 생각합니다. 순종이 친밀한 관계를 위한 하나님의 위대한 계획에 어떻게 부합되는지 전혀 모르고 있습니다. 마찬가지로 남자들도 남자가 여자의 머리라는 말을 여자를 부려먹어도 되는 특권으로 잘못 알고 있습니다. 하나님이 아내의 안전을 위해 남편에게 사랑의 리더십을 주셨다는 점은 전혀 간과하고 있습니다.

 이제 지금껏 부부 상담을 하면서 나는 언제나 성경의 결혼관을 이해시키는 데 주력했습니다. 즉 결혼이 무엇인가에 대한 포괄적이고 명확한 개념을 심어 주는 것과 부부 연합을 위한 하나님의 계획을 실생활에 옮기는 구체적 적용을 상담의 중심으로 삼았습니다.

 지금까지 말한 네 가지 잘못된 성향을 정리해 보겠습니다. 이는 바로 우리의 가정관을 오염시키는 주범입니다.

1. 가정 문제가 단순한 것으로 취급되고 있습니다. 수고와 노력

The Marriage Builder

없이도 공식과 단계만 따르면 쉽게 해결될 수 있다는 생각이 성행하고 있습니다.

2. 만족이 강조되고 있습니다. 이 분야의 책 대다수가 만족의 약속으로 유혹하고 있으며, 주님께 순종함으로써 생기는 고난, 특히 가족들로부터의 고난을 견디는 문제에는 침묵하고 있습니다.

3. 사람이 강조되고 있습니다. 인간의 필요가 하나님의 말씀에 순종할 때 채워짐을 믿고 단순히 그분 말씀대로 살려는 태도보다는, 결혼이란 피차 만족을 주고 피차 필요를 채우는 것이라는 생각이 더 설득력을 얻고 있습니다.

4. 결혼 문제를 단편적으로 이해하고 있습니다. 결혼을 마치 퍼즐 게임이나 되는 양 조각조각 단편적으로 취급하는 책이 많습니다. 이렇게 조각에만 치중하다 보니 자연히 하나님의 계획이라는 전체 그림이 흐릿해지고 말았습니다.

우리가 겪는 가정 문제에는 이 네 가지 잘못된 성향에 영향을 받아 생기는 사건이 적지 않습니다. 이 책을 통해 나는 특히 이런 성향을 바로잡는다는 맥락에서 결혼을 다시 검토해 보려 합니다. 요컨대 이 책 전반에는 이런 잘못된 성향과 대비되는 다음 네 가지 입장이 전제되어 있음을 밝힙니다.

1. 이 책을 읽는다고 극적으로 신속하게 변화된 삶이 보장되지

는 않을 것입니다. 그리스도인의 성장이란 쉽지 않은 기나긴 과정이기 때문입니다. 두 사람의 죄인이 만나 함께 친밀한 삶을 살아간다는 것은 쉬운 일이 아닙니다. 그 과정에서 생겨나는 많은 문제에 대해 단순한 해답이나 정해진 공식을 제시할 생각은 없습니다. 그러나 그리스도의 주(主) 되심과 성경의 권위를 인정하고 따른다면, 거기서 책임감 있는 삶을 살 수 있는 충분한 동기와 힘을 얻을 수 있습니다. 그리스도인의 깊은 기쁨과 흔들리지 않는 소망은 그런 책임감 있는 삶을 통해 서서히 나의 것이 됩니다.

2. 말씀대로 사는 삶이란 때로 힘들고 복잡하며 그로 인해 오히려 회의에 빠질 수도 있습니다. '좋은 기분'만 좇아 살면 충분히 피하거나 적어도 줄일 수 있는 고통이 하나님께 순종하는 삶에는 얼마든지 찾아올 수 있습니다. 괴로운 순종과 편안한 타협 중 뜻을 정해야 할 때마다 나는 베드로가 한 말이 떠오릅니다. "주여 영생의 말씀이 주께 있사오니 우리가 누구에게로 가오리이까"(요 6:68). 결국 문제는, 하나님을 따를 것인가 내 취향을 따를 것인가 하는 데에 있습니다.

3. 나 개인이 경건한 삶에 헌신했다고 해서 결혼 생활의 문제가 없어지는 것은 결코 아닙니다. 상대가 협력하지 않을 수도 있기 때문입니다. 오히려 성경의 가르침과 적당히 타협할 때 더 적극 호응

할지도 모릅니다. 결혼 문제에서 우리가 물어야 할 질문은 "어떻게 하면 결혼 생활을 더 잘할까?"가 아닙니다. "성경이 요구하는 것이 무엇인가?" 그것이 중요합니다. 나의 필요를 채우는 최상의 방법보다 하나님의 말씀이 더 우선되어야 합니다.

4. 결혼에 대한 포괄적 이해와 구체적 행동 원리를 정립할 때 성경을 최종 권위로 삼아야 합니다. 현대 상황을 빙자하여 성경의 결혼관을 제한하는 이른바 '문화적 해석'을 단호히 거부해야 합니다. 그렇게 성경을 '문화화'하다 보면 나중에는 하나님의 지혜의 자리에 인간의 편협한 사고가 들어앉고 맙니다. 나는 성경의 무오성과 초문화적 권위를 인정하며 이 책을 썼습니다.

그동안 자신의 결혼 문제를 들고 와 함께 얘기 나누던 많은 이의 얼굴이 떠오릅니다. 이 책이 성경적 기초에 근거하여 친밀한 결혼 생활을 가꾸어 가기 원하는 많은 남편과 아내에게 명료한 메시지를 주고 문제를 해결하는 데 큰 도움이 되기를 기도합니다.

결 혼 건 축 가
The Marriage Builder

하나님은 아내와 남편이 서로의 필요를 깊이 채워 주는
관계 속에서 하나 되기 원하십니다.
하나님은 친밀한 관계를 위해 결혼을 계획하셨습니다.

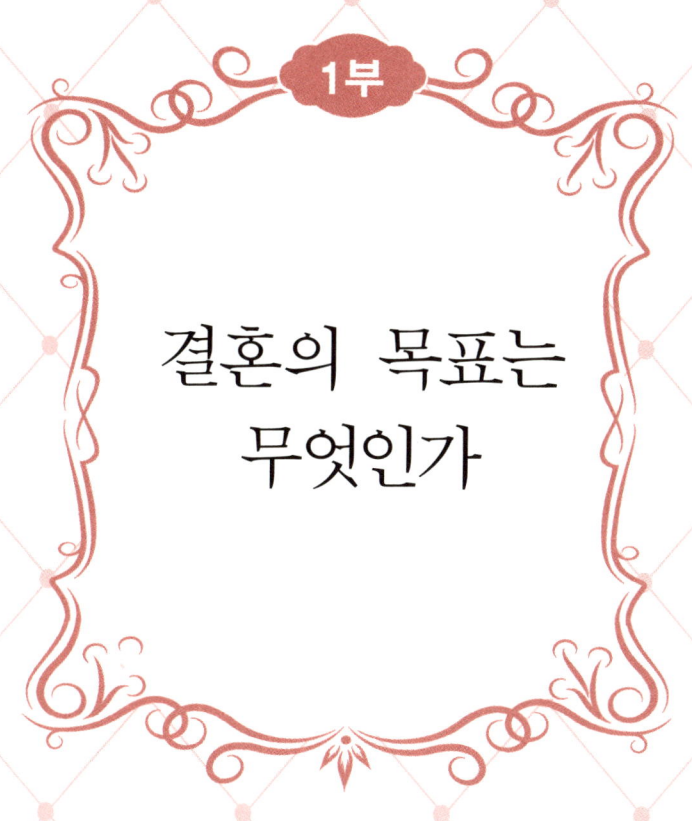

1부
결혼의 목표는 무엇인가

1장 　결혼은 연합이다
2장 　영적 연합 _나의 인격적 필요는 배우자가 채울 수 없다
3장 　정신적 연합 1 _이용하려 들지 말고 섬기라
4장 　정신적 연합 2 _화풀이보다는 대화를 하라
5장 　육체적 연합 _인격적 의미를 수반해야 한다

결혼은 연합이다

몇 달 전 뉴욕 행 비행기 안에서 나는 이 책의 초고를 쓰고 있었습니다. 스튜어디스가 지나가다 내 테이블에 놓인 원고에 '결혼의 목표'라고 쓴 제목을 보았던 모양입니다. 여자는 내게 무얼 하고 있느냐고 물었습니다. 결혼에 관한 책을 쓰는 중이라고 하자 여자는 이렇게 말했습니다. "좋은 일이네요. 저는 정말 결혼을 믿거든요. 전에 어떤 남자랑 6년 동안 동거한 적이 있어요. 저는 그 사람과 결혼하기로 마음먹었죠. 그런데 동거했던 그 남자는 결혼할 생각이 없었어요. 동거가 좋다나요. 그래서 다른 남자를 찾았죠. 지금 결혼한 지 두 달째예요. 아직까지는 행복하답니다."

나는 여자에게 왜 결혼이 동거보다 좋으냐고 물었습니다. 여자는 잠깐 생각하더니 이렇게 답했습니다. "분명한 것을 원했던 것 같아요. 나만을 사랑하기로 약속할 수 있고 결혼이라는 관계를 통해 그것을 계속 지킬 수 있는 남자와 결혼한 거지요. 아무런 약속도 없는 남자에게 마음을 주고 평생 함께 산다고 생각하는 것은 아무래도 늘 불안했거든요."

여기서 두 가지 질문을 이끌어 낼 수 있습니다. 첫째, 이 여자가 동거하던 남자를 버리고 남편 될 사람을 택한 목적은 무엇인가? 둘째, 이 여자는 어떤 방법으로 자기 목적을 이루려 했는가?

두 번째 사례를 생각해 보겠습니다.

30대 초반의 남자가 요즘 아내를 볼 때마다 실망을 느낀다며 불만을 털어놓았습니다. 그의 아내는 아름답고 품위 있고 요리도 잘하고 아이들에게도 좋은 엄마였습니다. 그런데 태도상 부정한 면이 있었습니다. 끊임없이 불평하고 비난하며 남의 잘못을 들춰냈던 것입니다. 아내의 그런 모습을 대할 때마다 그녀의 모든 장점은 다 물거품이 되어 버렸습니다. 마찬가지로 남편이 하는 어떤 일도 아내의 눈에는 차지 않았습니다. 그래서 남자는 번번이 좌절감만 맛봐야 했습니다. 그런데 사실 이 남자는 많은 여자가 부러워할 만한 남편이었습니다.

부부가 함께 상담을 받았는데 남편이 얘기하는 동안 아내는 시종 맥없이 마룻바닥만 쳐다보고 있었습니다. 남편이 말을 마치자 아내가 고개를 숙인 채 입을 열었습니다. "이이 말이 옳아요. 제가 보기에도 저는 잔소리가 심해요. 불평도 많고…. 그저 남편한테 사랑받지 못하고 있다는 생각뿐이에요."

고개를 든 여자의 눈에서 분노를 엿볼 수 있었습니다.

"이이는 걸핏하면 화내고 고함지르고 욕을 퍼부어 댑니다. 같이 기도한다는 건 상상할 수도 없는 일이죠. 많이 웃어만 주면 좋은 남편이라고 생각하는 모양이죠? 하지만 저는 알아요. 이이가 정말 저를 받아 주지 않는다는 것을. 뻔뻔스럽게도 그런 웃음 뒤엔 언제나 육체를 요구해 오지요. 거부하면 주먹이 날아와요."

이 부부를 보며 똑같이 두 가지 질문을 던질 수 있습니다. 첫째, 이들이 각각 상대로부터 얻으려 한 것은 무엇인가? 둘째, 그것을 얻기 위해 사용한 방법은 무엇인가?

한 가지 예를 더 보기로 합시다.

멋과 재능과 경제력과 인품을 겸비한 그리스도인으로서 교회 생활도 열심히 하는 중년 부부가 부부 사이에 문제가 생겼다며 찾아왔습니다.

먼저 아내가 말했습니다. "제가 무슨 위선자라도 된 기분이에요. 우리 교회 사람들에게 교회에서 가장 결혼 잘한 부부 열 쌍을 꼽아 보라면 아무도 우리를 빼놓지 않을 겁니다. 둘 다 찬양대원인데다 사람들과 사이도 좋고, 또 교인들을 자주 집에 불러 대접도 하고 그러니까요. 정말 교회 일에 한몫하고 있는 셈이지요. 하지만 알고 보면 우리 관계는 비참한 상태예요.

겉으로는 별 문제 없지만 우린 각자 따로따로예요. 나는 남편한테 내 기분을 그대로 말할 수 없어요. 한 번이라도 그럴라치면 이

이는 언제나 화내며 손찌검하거나 며칠이고 말을 안 하기 일쑤지요. 정말이지 우리가 언제 한 번 가까운 사이로 지내 본 적이 있는지 의심스러울 정도예요."

그러자 남편이 말을 이었습니다. "나는 그렇게까지 심각한 문제로 보지 않습니다. 우리는 지금까지 잘 해왔습니다. 애들도 문제없고 집사람은 교회학교 교사를 맡고 있고 주님은 제 사업을 축복하고 계십니다. 그거면 된 거죠. 그 따위…."

내가 말을 끊고 끼어들었습니다. "남편 분은 자신의 기분이나 소원, 꿈 등을 진정 얼마만큼이나 부인과 나누고 있습니까?"

그가 대답했습니다. "글쎄요. 그런 이야기를 나누려 할 때마다 아내는 별로 관심 없다는 태도입니다. 그래서 지금은 신경 안 쓰고 지냅니다."

그러자 아내가 소리쳤습니다. "당신이 그랬다고요? 당신이 정말로 그랬다면 저도 들었을 거예요! 당신 생각에 나눈다는 것은 나누는 것이 아니라 강의예요. 이건 이렇게 저건 저렇게 하라고 나한테 일방적으로 강의하는 거라고요. 내가 내 생각을 말하려고 할 때마다 당신은 '당신 왜 그렇게 생각하는 거야? 난 도대체 이해가 안 가' 그런 식으로 말하지 않았어요? 그게 대화라니 정말 끔찍해요."

여기서도 우리는 똑같은 질문을 던질 수 있습니다. 첫째, 감정상 이혼 상태나 다름없는 이 부부가 결혼을 통해 그토록 얻고 싶으면서도 얻지 못한 것은 무엇인가? 둘째, 이들은 어떤 방법으로 그것을 얻으려 하는가?

친밀함의 욕구

먼저 첫 번째 질문부터 생각해 보겠습니다. 이들은 모두 무엇을 찾고 있었을까요?

뉴욕 행 비행기의 스튜어디스가 결혼한 것은 동거 관계에서는 얻을 수 없던 친밀함을 상호 약속의 결혼이라는 관계를 통해 얻을 수 있으리라는 기대에서였다고 생각합니다.

두 번째 예의 좌절한 남편도 아내와 연합을 느끼고 싶지만 아내의 비판적, 거부적 태도가 그걸 방해한다고 느낀 경우입니다. 마치 며칠 굶은 사람이 밥상에 손을 뻗다 저지당할 때 상대에게 분노를 느끼는 것처럼 남편은 아내에게 분노를 느끼고 있었습니다. 아내는 아내대로 자기를 받아 주기보다 이용하는 듯 보이는 남편에게 따뜻하게 자신을 내주기가 못내 어려웠습니다. 남편과 가까워지기를 간절히 바라면서도 혹시 자기를 사랑하지도 않는 사람에게 다가가는 것은 아닌가 하는 두려움이 있었던 것입니다.

겉은 화려하지만 속은 텅 빈 세 번째 예의 부부는 서로 감정의 교류가 전혀 없음을 느꼈습니다. 친밀함이 빠진 자리에 찾아온 것은 공허함이었습니다. 아내는 그것을 고통스럽더라도 바로 인정했지만 남편은 성공한 가정처럼 꾸며 주는 외적 액세서리와 혼동하여 진짜 문제를 간과하고 있었습니다.

갓 결혼한 스튜어디스, 신경질적인 남편과 비판적인 아내, 진정한 대화가 끊긴 중년 부부, 이들은 모두 참으로 도달하기 쉽지 않은 똑같은 목표를 추구하고 있습니다. 바로 이성과의 인격적 관계를 통해 깊은 인격적 친밀함을 경험하는 것입니다.

관계만큼 인격 속에 깊이 파고드는 것은 없습니다. 창세기로 시작하여 요한계시록에 이르기까지 성경의 진리는 관계라는 실로 짜인 옷감과도 같습니다.

- 삼위일체 안에 있는 완전한 관계.
- 하나님과 아담, 아담과 하와, 가인과 아벨 사이에 나타난 깨어진 관계.
- 룻과 나오미, 예수님과 요한, 아굴라와 브리스길라 사이에 볼 수 있는 사랑의 관계.
- 이세벨과 엘리야, 예수님과 바리새인들 사이의 적대적 관계.
- 아브라함과 롯, 바울과 요한 마가 사이에서 볼 수 있는 긴장 관계.

성경에는 또한 관계 속에서 생겨나는 여러 종류의 감정도 생생히 묘사되어 있습니다.

- 깨어진 관계에 대한 뼈아픈 고통—압살롬 때문에 슬피 울던 다윗, "나의 하나님, 어찌하여 나를 버리셨나이까?" 하고 절규하신 예수님.
- 사랑하는 이를 슬프게 한 데 대한 쓰라린 자책—예수님을 부인하고 닭이 세 번째 울 때의 베드로.
- 다시 만난 기쁨—애굽에서 재회한 야곱과 요셉 부자, 죽었다 살아난 딸과 아버지 야이로.
- 편안한 관계 속에 쉬는 즐거움—마리아와 마르다 집에서의 예수님.

그렇다면 관계는 왜 이토록 하나님 말씀의 선명한 주제를 이루고 있습니까? 그것은 우리 인격의 깊은 필요가 오직 관계라는 정황 속에서만 채워질 수 있기 때문입니다.

사람은 누구나 친밀한 관계를 원합니다. 우리는 다 누군가와 가까워져야 할 필요가 있습니다. 친밀해지고 싶은 강한 욕망에는 아무런 변명도 필요하지 않습니다. 그것은 죄도 아니고 이기적인 것도 아닙니다. 사회적 출세나 지식의 습득 같은 만족을 더 중시하여 거기에만 매달림으로 이 친밀함의 욕구를 무시해서는 안 됩니다. 초월이라는 미명하에 관계의 갈망을 무시한다면, 그것은 음식 없이 살 수 있다고 우기는 것만큼이나 어리석은 일입니다. 우리의 관계 욕구는 현실이며 하나님이 주셨기에 존재하는 것입니다.

하나님은 자신의 형상대로 우리를 지으셨습니다. 이것은 우리가 다른 피조물과 달리 인격을 가진 존재이며 서로 관계 맺도록 창조되었다는 뜻입니다. 우리는 의존적 인격체이기에 관계의 경험 없이는 창조의 본뜻대로 제 기능을 다할 수 없습니다. 하나님이 뜻하신 바대로 살려면 반드시 관계를 맺어야 합니다.

성경은 관계의 두 가지 필수 요소를 다음과 같이 가르쳐 줍니다.

- 안전감(security): 내가 진정 사랑받고 있으며 받아들여지고 있다는 느낌.
- 중요감(significance): 내가 다른 사람에게 계속 중요하게 긍정적인 영향을 미치고 있다는 느낌.

이 두 가지 필요는 현실적인 것이며, 진정 성경적 행동이 가능하려면 반드시 먼저 채워져야 합니다. 안전감과 중요감의 필요가 채워지지 않은 이에게 하나님 앞에서 책임감 있게 살라고 하는 것은 후두염 환자에게 고함을 지르라고 하는 것보다 무
모한 일입니다. 내적 안전감이 무엇인지 모르며 거기에 대한 희망도 전혀 없는 아내는 성경의 가르침대로 남편에게 자신을 내줄 수 없습니다. 자상하지 않고 이기적인 남편에게 자발적으로 자신을 내준다거나, 약점 때문이든 무관심 때문이든 사랑에 인색한 남편 앞에서 기꺼이 약자의 자리에 처한다는 것은 이미 확보된 안전감 없이는 어려운 일입니다.

마찬가지로 늘 남편의 생각을 무시, 비판, 거부하고 저만치 거리를 두며 걸핏하면 화내는 아내를 계속 사랑한다는 것은 자신의 가치에 대한 분명한 확신과 기존의 중요감 없이는 불가능한 일입니다. 우리는 먼저 주님의 공급으로 자신을 무장하기 전에는 그분의 계획대로 살 수 없는 존재입니다.

감정의 문제

오해를 피하기 위해 밝혀 둘 점이 있습니다. 인간이 제 기능을 다하려면 안전감과 중요감이 채워져야 하지만, 그렇다고 반드시 그것을 감정으로 느껴야 하는 것은 아닙니다. 자신이 안전하고 중요한 존재임을 느끼지 못할 수도 있습니다. 그러나 하나님이 말씀하신 것을 믿어야 하는 책임은 여전히 있습니다. 하나님은 그리스도 안에 있는 내가 그분의 사랑 안에서 안전하며 그분의 계획 속에서 중요한 존재라는 사실을 말씀으로 확증해 주십니다. 안전감을 거의 느끼지 못하는 아내도 자신이 그리스도 안에서 안전하다는 사실을 믿으면 충분히 남편에게 자신을 내줄 수 있습니다. 거부하는 아내로 인해 중요감에 위협을 느끼는 남편도 아내의 반응과 무관하게 자신이 가치 있는 그리스도인임을 믿을 수 있기에 여전히 아내를 사랑으로 받아 줄 책임이 있습니다.

그리스도가 나를 안전하게 하셨고 중요하게 하셨습니다. 내가 느끼든 느끼지 못하든 그것은 사실입니다. 하나님은 나의 필요가 이미 채워졌으며 따라서 이제 이타적으로 타인의 필요에 관심을 두며 살아야 한다고 말씀하십니다. 그리스도께서 나를 위해 이루신 일에 의지하며 살수록 나는 그분 안에서 안전감과 중요감을 더욱 실감하게 됩니다.

죄는 참으로 삶의 모든 부분을 철저히 파괴시켰습니다. 하나님이 본래 의도하신 바는 남녀가 당신과의 교제 안에서 서로 이타적 관계를 누리는 것이었습니다. 그런 관계라면 남편의 사랑은 아내를 참으로 감동시킬 것이고, 남편의 사랑이 아내 속에서 빚어내는 기쁨을 보며 남편은 한껏 중요감을 느낄 것입니다. 아내의 사랑은 남편에게 안전감을 느끼게 할 것이고 그것은 남편에게 큰 기쁨이 될 것입니다. 아내 역시 남편의 깊은 필요를 채워 주는 일로 중요감을 느낄 것이며 남편에게서 받는 사랑으로 인해 안전감을 느낄 것입니다.

그러나 우리의 결혼은 분명 어딘가 잘못돼 있습니다. 남편은 자신의 필요가 이미 채워졌다는 사실을 더 이상 믿지 않습니다. 아내를 제대로 대할 수 있으려면 아내 쪽에서 먼저 남편의 안전감과 중요감을 채워 줘야 한다고 생각합니다. 아내가 먼저 채워 주기를 기다립니다. 그 후에야 아내에게 자신을 내주겠다는 것입니다. 아내가 그를 채워 주지 못하면 아예 뒤로 물러나거나 혹 아내를 공격할지도 모릅니다. 아내가 남편을 받아 주리라 생각되는 만큼만 남편도 아내에게 마음을 열어 사랑할 것입니다. 아내를 향한 남편의 사랑은 남편을 향한 아내의 사랑에 달려 있습니다.

아내도 부부 관계를 똑같은 눈으로 봅니다. 남편의 사랑이 안전감을 느끼게 해줄 때에만 사랑과 순종으로 남편에게 자신을 내주는 것입니다. 그 외의 경우에는 거부당하는 고통을 줄이기 위해 적당히 거리를 둘 것입니다.

이런 관계는 결국 비참한 결과를 낳습니다. 상대에게 나의 필요를 먼저 채워 달라고 했기에 상대는 내 요구를 거부할 수 있는 권한을 얻은 셈이고, 그것은 나를 파괴할 수 있는 권한과 다르지 않습니다. 이제 관계에 두려움이 들어왔습니다. 서로를 두려워하게 된 것입니다. 쥐와 고양이처럼 서로 눈치를 살핍니다. 두려움 때문에 상대가 관계를 통해 무엇을 원하는지조차 잊게 됩니다.

하나님은 남편이 아내의 안전감의 필요를 깊이 채워 주는 관계 속에서 아내와 하나 되기 원하십니다. 하나님은 아내도 남편의 중요감의 필요를 채워 주는 관계를 통해 남편과 하나 되기 원하십니다. 하나님은 친밀한 관계를 위해 결혼을 계획하셨습니다. 그리하여 인간의 안전감과 중요감의 필요는 진정 그리스도 안에서만 채워질 수 있다는 진리를 그 안에서 경험하게 하셨습니다.

하나님이 하와를 남편 아담에게 데려오시자 그들이 한 몸이 되었다고 성경은 말합니다. 온전한 연합의 관계를 경험했다는 말입니다. 그런 관계를 이루는 것이 결혼의 목표입니다. 하나님이 연합을 통해 기대하시는 것은 부부가 결혼을 통해 단지 서로의 필요를 충족하는 것을 경험하는 것 이상입니다. 이 사실을 바로 알면 깜짝 놀라게 됩니다.

하나님은 우리가 연합의 관계를 통해 세상에 기독교의 진리를 나타내기 원하십니다. 분리하는 속성을 가진 죄를 이기고 죄인을 구원하시는 하나님의 사랑의 능력을 부부의 연합을 통해 보여 주시려는 것입니다. 요한복음 17장 21절에서 예수님은 아버지께 이렇게 기도하십니다. "아버지께서 내 안에, 내가 아버지 안에 있는 것 같이 그들도 다 하나가 되어 우리 안에 있게 하사 세상으로 아버지께서 나를 보내신 것을 믿게 하옵소서."

물론 이 기도에서 예수님께서 마음에 두신 연합은 믿는 자들의 관계입니다. 그러나 결혼이야말로 친밀한 관계의 독특한 장(場)으로서, 세상에 그리스도의 사랑의 힘을 나타내 참된 관계를 보여 줄 확실한 증거의 길입니다.

지금까지 앞서 제기한 두 질문 중 첫 번째 질문의 답을 살펴보았습니다. 신혼의 스튜어디스와 두 쌍의 불행한 부부가 얻으려 한 것은 무엇이었습니까? 자신의 안전감과 중요감의 깊은 필요를 채워 주는 관계입니다.

이제 두 번째 질문을 생각해 봅시다. 그들은 어떤 방법으로 그런 관계를 이루려 했습니까?

두 쌍의 부부가 사용한 방법은 불행히도 별 효과가 없었습니다. 스튜어디스의 방법도 그보다 나아 보이지 않습니다.

그렇다면 좋은 관계를 이루기 위한 효과적 방법은 무엇입니까? 상대에게 기분을 몽땅 털어놓는 데서 시작해야 합니까? 매주 실천 사항을 정하고 그것을 지키려 최선을 다해야 합니까? 아침 일찍 일어나 묵상 시간을 오래 가지면 도움이 될까요? 상담을 받거나 세미나 같은 데 참석하는 것도 유익할지 모릅니다. 아니면 단순히 이기적 죄성을 회개하고 하나님께 앞으로는 잘하겠다고 다짐하는 것이 해답일까요?

해답은 그렇게 간단하지 않습니다. 그러나 분명 있습니다. 그 답은 타락한 인간 본성에 어긋나는 것이기에 받아들이기 어려우나 하나님의 말씀에서 나오는 것이기에 권위가 있습니다. 이제부터 그 답을 제시하는 것이 이 책의 나머지 내용입니다.

2장부터 5장까지는 연합의 개념을 통해 우리가 지향해야 할 결혼의 목표를 분명히 밝히려 했습니다. 2부에서는 결혼의 기초를 튼튼히 하라(6-8장)는 목표 달성에 필요한 세 가지 선결 조건을 다룹니다. 3부 목표 달성은 다음 책의 주제로, 서로의 필요를 채워 주는 친밀한 연합의 건축에서 부부 각자가 져야 할 구체적 책임을 다루게 됩니다.

영적 연합
나의 인격적 필요는 배우자가 채울 수 없다

40대 중반의 한 남자가 나를 찾아와 자기 아내가 쌀쌀맞고 화를 잘 내고 꼬박꼬박 말대꾸한다며 불만을 털어놓았습니다. 계속 아내의 잘못만 늘어놓기에 중간에 말을 잘랐습니다. "말씀을 듣다 보니 마치 아내가 그렇게 형편없기 때문에 아내를 함부로 대해도 된다는 얘기처럼 들립니다. 하지만 성경은 아내가 아무리 마음에 안 들어도 사랑하라 하셨고, 그것도 그리스도가 자기 백성을 사랑하신 것처럼 사랑하라 하셨습니다." 그러자 그 남자는 의심쩍은 표정으로 말했습니다.

"아내를 사랑해야 한다는 데는 이의가 없습니다. 하지만 나한테도 얼마간의 사랑과 존경이 필요합니다. 아내한테서 오는 거라고는 쌀쌀맞은 반응과 비난뿐입니다. 그런데도 사랑하란 말입니까? 그럼 내 필요는 누가 채워 줍니까?"

우리는 이 남자의 질문을, 그런 이기적인 넋두리랑 집어치우고 아내의 무시가 감정에 어떤 상처를 주든지 주님만 의지하라는 말로 가볍게 묵살해서는 안 됩니다. '주님께 맡기시오', '기도하면 됩니다' 따위의 뻔하고 피상적인 말로는 어떤 변화를 기대하기도 힘듭니다. 그에게는 반드시 채워져야 할 본질적 필요가 있으며, 그것은 '예수가 우리의 모든 것'이라는 땜질 식 말로 얼버무릴 수 없는 것입니다.

이 사람은 지금 사랑 없는 아내 때문에 화나고 마음이 혼란스런 상태입니다. 결혼 생활은 그의 정서적 필요를 채워 주지 못했습니다. 그에게 있어 이 문제의 답은 너무 분명합니다. 아내를, 자기의 필요를 채워 줄 수 있는 다른 사람으로 바꾸는 것입니다.

상담하는 나로서도 딜레마였습니다. 이 남자의 아내를 만나 남편을 더 사랑하라고 말해 준다고 합시다. 아내의 대답을 상상하기란 어렵지 않습니다.

"정작 사랑이 필요한 건 나예요. 부부 관계에서 나 역시 사랑받는다는 느낌이 없어요. 나도 사랑과 보호가 필요한데 내 필요는 누가 채워 주지요?"

하나님의 결혼 계획을 이해하려면 남편과 아내 모두에게 반드시 채워져야 할 정당한 인격적 필요가 있다는 사실에서 출발해야 합니다.

인격적 필요들   인격적 필요들

이 인격적 필요는 신체적 필요만큼이나 요긴한 것입니다. 이 필요가 채워지지 않는 한 인간은 제 기능을 다할 수 없습니다. 이 장에서 나는, 부부 모두 깊은 차원에서 인격적 필요의 충족을 경험하지 않고는 어떤 결혼도 성경의 가르침에 부합될 수 없다는 사실을 말하려 합니다. 이 필요는 대인 관계라는 정황 속에서만 채워질 수 있습니다. 아무도 자신의 필요를 스스로 채울 수 없습니다.

필요의 딜레마

여기서 우리는 딜레마에 봉착합니다. 남편과 아내는 둘 다 사랑과 존경이 필요하며 그것은 서로를 바르게 대해 줄 때에만 채워질 수 있습니다. 그런데 남편은 자신을 사랑받는 중요한 존재로 느끼기 전에는 아내를 온전히 사랑할 수 없습니다. 아내도 자신이 안전한 존재임을 깨닫기 전에는 남편을 진정 사랑할 수 없습니다. 도대체 어찌해야 합니까?

더 잘하라고 아내를 꾸짖고 다그쳐야 합니까? 사실 아내가 스스로 사랑받는다고 느끼기 전에는 남편을 대하는 태도에 어떤 변화도 기대할 수 없습니다. 남편도 먼저 자신의 필요가 채워지기 전에는 아내에게 필요한 사랑을 채워 줄 수 없습니다. 남편과 아내의 이런 상황은 마치 파산한 두 사업가가 다시 동업하려고 서로 의존하고 있는 꼴입니다.

남편이고 아내고 자신의 갈망을 채우는 최고의 길로 오직 주님만 의지하면 되지 않을까요? 그럴듯한 말 같지만 여기에도 문제는 있습니다. 밀려오는 감정의 고통 중에도 늘 우리를 지켜 주는 그리스도의 사랑을 맛보려면 어느 정도 영적 성숙이 필요한데, 많은 그리스도인에게 영적 성숙은 요원한 목표일뿐입니다. 주님이 멀게 느껴지고 우리의 급박한 실제적 필요와 동떨어져 있는 것 같을 때가 많습니다.

긴 세월 남편의 싸늘한 무시 속에 살아온 30대 여자가 성적인 면을 포함하여 따뜻하고 친근하게 다가오는 외간 남자를 못 본 척하기란 쉬운 일이 아닙니다. 하나님의 신실한 사랑에 관한 말씀으로 이 여자를 위로하는 것은 굶주린 사람에게 잘 차려진 식탁을 사진으로만 보여 주며 힘내라고 하는 것과 같습니다. 하나님 말씀에 순종하라는 권면은 자칫 여자의 정당한 굶주림을 부정하거나 가벼이 여기는 처사가 될 수 있습니다.

그렇다면 그리스도의 충만을 온전히 믿고 그분을 통해 필요를 채움 받는 과정에서 남편과 아내의 역할은 무엇입니까? 아내는 주님과 동행하려는 남편의 노력을 먼발치서 쳐다보는 방관자일 뿐입니까? 하나님을 가까이하려는 아내의 노력은 너무 사적인 것이라 남편은 그 깊은 감정의 세계로 끼어들 수 없는 것입니까? 부부는 정확히 어떻게 하나 될 수 있습니까?

여기에 답하려면 먼저 인격적 필요의 본질을 좀 더 구체적으로 살펴볼 필요가 있습니다.

인격적 필요

인간은 몸으로만 국한된 존재가 아닙니다. 우리의 살과 뼈와 터럭과 각종 기관은 인격적 자아가 잠시 머무르는 장막 집의 요소라고 성경은 분명히 말합니다. 심장이 멎고 육체가 썩어도 '나'의 의식과 인격적 실존은 계속됩니다. 이 '나'가 누구입니까?

창세기 1장 27절에서는 인간이 하나님의 형상대로 지음 받았다고 말합니다. 어떤 의미에서 사람은 하나님 같습니다. 그러나 하나님은 비육체적 존재입니다. 그분은 몸이 없습니다(물론 예수님의 성육신은 예외입니다). 그분의 존재의 본질은 물질이 아닙니다. 그러므로 하나님께 대한 우리의 유사성도 살과 뼈에 있지 않습니다. 나의 육체적 존재는 하나님 같지 않습니다.

하지만 나는 인격적 존재이며 바로 그 점에서 하나님 같습니다. 하나님은 생각하고 느끼고 선택하는 분이시며 사랑하고 목적을 갖는 인격(Person)이십니다. 성경에는 영혼, 정신, 마음, 뜻 등 사람의 인격적 속성을 나타내는 단어가 아주 많습니다. 그중에서도 성경에서 영혼이란 한 인격으로서 인간의 가장 본질적 측면, 가장 깊은 부분을 지칭하는 말입니다. 하나님과의 교제를 가능케 하는 인간의 가장 깊은 부분, 거기가 바로 영혼입니다. 이제 우리 몸 안에 거하는 인격 혹은 영혼의 속성을 살펴보겠습니다.

최근 나는 어떤 모임에서 사람들에게 눈을 감고 이런 질문을 깊이 생각하게 했습니다. '내가 정말 원하는 것은 무엇인가? 가장 깊은 갈망은 무엇인가? 무엇이 내게 최고의 만족을 줄 것인가?' 쭉 생각하면서 자신이 바라는 바를 가장 잘 표현해 줄 단어를 하나씩만 골라 보게 했습니다. 가장 많이 나온 단어는 수용, 의미, 사랑, 목표, 가치 등이었습니다.

사랑하고 사랑받고 수용하고 수용받고 싶은 갈망이야말로 자신의 내면을 들여다보는 이라면 누구나 발견하는 첫째 요소일 것입니다. 누군가 나를 진정 사랑하고 있다고 느낄 때, 스스로 누군가를 향해 깊은 사랑을 느낄 때 뭔가 심오한 것이 우리 안에 꿈틀거리기 시작합니다. 사랑의 갈망이야말로 우리가 인격 내지 영혼의 존재라는 사실을 잘 보여 줍니다. 사랑이 우리의 첫 번째 필요입니다.

내면의 갈망을 좀 더 들여다보면 거기 또 다른 것이 있습니다. 인간은 중요한 일을 맡아 할 때 뿌듯한 만족을 느낍니다. 손에 잡히지는 않지만 뭔가 꽉 찬 힘과 실속을 느낍니다. 설거지나 잔디 깎기는 금방 지루해집니다. 그러나 중대한 결정으로 고심하거나 응급 환자를 신속히 치료하는 일은 존재의 가장 깊은 부분까지 파장을 줍니다. 인간은 어떻게든 자신의 일에서 의미를 느끼기 원합니다. 아무리 골치 아픈 일이라도 의미를 원합니다. 여기 인격으로서 인간의 두 번째 필요가 있습니다. 바로 의미와 가치에 대한 필요입니다.

성경 인물들을 공부하다 보면 누구도 예외 없이 이 두 가지 필요가 있었다는 사실을 새삼 느낍니다. 로마서 8장에는 끊을 수 없는 그리스도의 사랑에 대한 바울의 감격이 필설의 형언을 넘어 금방이라도 터질 것 같습니다. 욥도 언젠가 자기 앞에 나타나실 살아 계신 구속자에 대한 확신으로 마음이 초조했다고 고백합니다(욥 19:25-27). 사도 요한은 자녀들을 향한 아버지의 사랑을 생각하며 마음이 녹는 듯했습니다(요일 3:1 참조). 룻은 문화 장벽보다 강한 힘에 이끌려 기꺼이 나오미를 좇습니다.

이들의 내면 깊은 곳에 특별한 변화가 일어났는데 그 출처는 곧 사랑입니다. 이들 모두에게는 사랑이신 하나님의 형상대로 지음 받은 인격적, 영적 존재로서 사랑만이 채울 수 있는 공간이 있습니다. 그 사랑은 인간이 죄로 타락하기 전만 해도 하나님과의 깨어지지 않은 교제를 통해 지속적으로 온전히 채워졌습니다. 그러나 인간이 죄로 인해 하나님과 분리되면서 그 공간은 채워지지 않은 필요로 남게 됩니다. 이것이 바로 사랑의 필요 혹은 앞서 말한 안전감의 필요입니다.

아브라함이 갈 바를 알지 못하고 본토를 떠난 것은 마침내 하나님이 지으신 도성에 도달할 것을 믿었기 때문입니다(히 11:8-10). 목표가 있었기에 행동이 가능했던 것입니다. 예레미야도 진리를 선포하겠다는 내면 깊이 타오르는 분명한 사역 목표가 있었기에 심한 핍박과 절망 중에도 굴하지 않고 믿음을 지킬 수 있었습니다(렘 20:9). 바울은 이 땅에 남아 계속 사역하는 것의 가치를 잘 알았기에 천국에 가고픈 열망조차 기꺼이 접어 둘 수 있었습니다(빌

1:21-24).

　이들이 모두 그렇게 할 수 있었던 것은 자신의 일이 의미 있는 일이라는 믿음이 있었던 까닭입니다. 이들은 인격적 존재였기에 인생의 목표와 가치를 느낌으로써만 채울 수 있는 또 다른 공간이 있었습니다. 아담이 범죄하기 전에는 하나님이 주신 목표에 자진 참여함으로써 의미 있는 삶의 경험이라는 이 공간이 완전히 채워졌습니다. 그러나 아담이 하나님의 계획에 반기를 든 뒤로 이 공간은 더 이상 채워지지 않은 필요로 남았습니다. 이것이 바로 중요감의 필요입니다.

　'나'라는 만질 수 없는 실체 안에는 이 두 가지 깊은 현실적 필요가 있습니다. 그것은 생물학적 분석이나 화학적 분석으로 격하될 수 없는 인격의 필수 요소입니다. 물리적 몸과 별도로 존재하는 인격 또는 영혼의 핵심인 것입니다.

　하나님의 형상은 이 두 가지 필요에 의해 잘 나타납니다. 하나님은 본질이 사랑이신 인격적 존재이시며, 계획과 목표를 두고 행하시는 의미의 창조자이십니다. 우리도 인격적 존재입니다. 그러나 스스로 충만하고 완전한 무한하신 하나님과는 달리, 우리는 유한하고 의존적이며 부패한 존재입니다. 하나님은 사랑이시되 우리는 사랑이 필요합니다. 하나님은 그 행사가 다 의미 있지만 우리는 뭔가 의미 있는 일을 해야 합니다. 이 두 가지 필요를 간단히 요약하면 다음과 같습니다.

- 안전감: 사랑을 얻으려 애쓰지 않아도 조건 없이 온전히 사랑받고 있으며, 노력으로 얻을 수 없고 그래서 결코 잃을 수도 없는 사랑으로 사랑받고 있다는 확신.
- 중요감: 아주 중요한 일, 시간 속으로 사라지는 것이 아닌 영원한 열매가 있는 일, 타인에게 직·간접으로 중요한 영향을 미치는 일, 그러면서도 '나'라는 사람에게 꼭 적합한 일을 하고 있다는 확신.

요컨대 하나의 인격(또는 영혼)으로 제 기능을 다하려면 가장 먼저 안전감과 중요감의 필요가 채워져야 합니다. 그럴 때 비로소 자신이 가치 있는 인간으로 느껴집니다.

아내 역시 인격적 존재입니다. 아내도 안전감과 중요감이 채워져야 합니다. 부부가 영혼의 차원에서 하나 되어 진정한 영적 연합을 이루려면, 이 깊은 필요의 차원에서 서로를 대하는 길부터 찾아야 합니다.

하지만 어떻게 해야 합니까? 이 장 첫머리에 제기한 질문으로 다시 돌아온 셈입니다. 부부는 어떻게 인격적 필요라는 차원에서 하나 될 수 있습니까? 사람들은 저마다 결혼을 통해 인격적 필요를 채움 받으려 합니다. 이를 위해 우리가 취할 수 있는 행동은 다음 넷 중 하나입니다.

첫째, 인격적 필요를 무시할 수 있습니다.
둘째, 성취에서 만족을 구할 수 있습니다.
셋째, 피차 필요를 채워 주려 할 수 있습니다.
넷째, 주님을 의지하여 채움 받을 수 있습니다.

1안: 인격적 필요를 무시한다.

이 안은 누구나 금방 거부할 것입니다. 성경에도 나오듯 인격적 필요는 의식주 등 신체적 필요와 똑같이 현실적인 것이기에 그것을 무시하는 것은 재난을 자초하는 꼴이 됩니다. 신체적 필요가 채워지지 않으면 머잖아 신체적 죽음을 맞습니다. 마찬가지로 안전감과 중요감의 인격적 필요가 무시되고 끝내 채워지지 않으면 인격적 죽음을 피할 수 없습니다. 인격적 죽음의 증상에는 자신이 쓸모없는 존재라는 생각, 절망감, 병적 두려움, 의욕과 기력 상실, 죽음의 고통을 잊기 위한 약물·섹스·알코올 따위로의 도피, 권태감, 공허감 등을 들 수 있습니다. 우리는 인격적 필요를 지닌 존재로 지음 받았으며, 또한 충성스런 청지기가 되어 생명을 보존해야 할 책임이 있습니다. 인격적 필요를 결코 무시해서는 안 됩니다.

2안: 성취에서 만족을 구한다.

타락한 세상에서 잠시 권세를 받은 사탄은 거짓을 믿도록 인간을 유혹해 왔습니다. 현대 문화는 성취를 기준으로 사람의 가치를 평가합니다. 세상은 수많은 그리스도인을 살아 계신 하나님과의 관계 없이도 인격적 필요를 채움 받을 수 있다는 거짓 신념의 틀 속에 밀어 넣고 있습니다.

남자의 가치를 평가하는 사회 기준은 경제력, 직장과 직위, 주택의 위치와 크기와 가격, 학력, 운동 실력, 음악적 감각 등입니다. 종교적 주제로 옮겨 와 찬양대, 교회학교 교사 등 교회 봉사 능력을 운운하는 것은 부차적인 일에 지나지 않습니다.

여자의 경우 사회 계층, 남편의 직업과 지위, 외모, 옷의 종류와 상표와 가격, 주택과 가구, 모임 등에서 두각을 나타내는 공적 능력 따위가 평가 기준이 됩니다.

참으로 많은 부부가 자신도 모르게 사탄의 거짓에 속고 있습니다. 돈과 외모와 재능을 두루 갖춘 '괜찮은 이들'의 중요감은 당장은 필요가 충족된 것 같은 만족을 줄지 모르나 그 자체가 가짜일 수 있습니다. 채워지지 않은 필요가 주는 고통에 이미 둔감해져 진정한 안전감과 중요감을 찾을 필요성조차 느끼지 못할 수 있습니다. 이들의 삶은 행복하고 활기 차 보이며 문제가 전혀 없는 듯합니다. 깊은 내면의 갈등이나 심각한 고민도 없어 보입니다. 행여 불쾌한 일이 의식 표면에 떠오르기라도 하면 재빨리 더 많은 활동, 쇼핑, 여행, 레저 따위로 덮어 버립니다.

나는 지금까지 그리스도인 부부 중에서도 편안한 환경과 재미있는 삶에 파묻혀 인격의 깊은 차원에서 서로 만나지 못한 채 사랑과 의미의 갈망일랑 성공의 산자락에 묻어 두고 사는 이들을 많이 보았습니다. 이것이 얼마나 슬픈 일입니까! 얼마나 허망한 일입니까! 본질을 찾으려 애쓰기보다는 그림자에 가려 편하게 사는 편이 더 낫다는 말입니까?

관계의 부대낌보다는 성취에서 만족을 얻으려는 것이 두 번째 안의 요지인데, 이런 삶의 결과는 뻔합니다. 당장은 멋있어 보일지 몰라도 결코 깊은 차원의 연합에 도달할 수 없는 얄팍한 관계만 남습니다.

3안: 피차 필요를 채워 주려 한다.

필요를 무시하는 것은 위험하고, 성취를 통해 가짜 만족을 구하는 것은 얄팍한 관계만 낳습니다. 그렇다면 어떻게 필요를 채워야 합니까? 대다수 부부가 상대에게서 해답을 찾으려 합니다.

이제 막 한 쌍의 부부가 탄생하려 한다고 합시다. 각자 인격적 필요를 지닌 두 사람이 하나 되기로 서약합니다. 그 사랑과 존경의 서약을 듣노라면 이면에 숨은 강한 동기가 눈에 보이는 듯합니다. 무의식의 의도를 그대로 들려주는 녹음테이프가 있다면, 거기서 나오는 말은 대략 이런 내용일 것입니다.

신랑: 나는 중요감을 느껴야 한다. 네가 선악간에 나의 모든 결정에 복종하여 이 필요를 채워 주기 바란다. 너는 내가 어떻게 행동하든 나를 존경하고 무엇을 선택하든 거기 따름으로써 그 필요를 채워 줄 수 있다. 나를 세상에서 가장 중요한 사람으로 대해 주기 바란다. 내가 너와 결혼하는 목적은 너를 통해 중요감을 찾기 위해서이다. 하나님이 남편에게 복종하라 하셨으니 너도 이의는 없을 것이다.

신부: 나는 내면의 갈망만큼 깊이 사랑받는다고 느껴 본 적이 없다. 네가 나의 필요를 채워 주기 바란다. 내가 투정을 부려도 따뜻한 애정으로 감싸 주고 민감하지 못해도 너그러이 품어 주고 감정의 기복도 자상히 헤아려 받아 주면 된다. 나를 실망시키지 말기 바란다.

자신의 필요를 채우기 위해 상대를 착취하기로 서약하는 과정을 거쳐 맺어지는 이런 결혼—안타까운 일이지만 대부분의 결혼이 이런 기초 위에 건설되고 있다—은 '황소와 쇠파리' 관계라 해도 과언이 아닙니다. 배고픈 쇠파리가 먹을 것을 찾아 황소 몸에 달라붙듯 이런 부부는 자기한테 필요한 것을 얻으려고 상대에게 달라붙습니다. 더욱 안타까운 것은, 이런 결혼 관계에 황소는 없고 두 마리의 쇠파리만 존재한다는 사실입니다.

부부가 살다 보면 내면 깊은 차원에서 서로 부딪힐 수밖에 없습니다. 한 엄마가 수술을 마치고 나온 의사에게서 네 살짜리 딸아이의 죽음을 통고받았습니다. 그녀는 충격에 휩싸였고 견딜 수 없는 고통이 온몸을 할퀴는 것 같았습니다. 곁에 있던 남편의 품에 기대는 순간 남편은 그녀를 냉정하게 밀쳐 내더니 총총히 병원을 떠나 버렸습니다. 인생에 아직도 희망이 남아 있음을 느껴야 할 시점에 그녀 홀로 남은 것입니다. 가까운 이로부터 사랑을 느껴야 하는 그때 남편은 아내를 실망시켰습니다.

자신의 필요를 몽땅 내비쳤다가 아무런 도움도 받지 못하는 것만큼 비참하고 괴로운 일은 없습니다. 이렇듯 상대의 필요를 채워 주지 못하는 일이 모든 남편과 아내에게 비일비재합니다.

잠시 당신의 결혼을 생각해 보십시오. 배우자와 직접 나누기 꺼려지는 상처나 섹스, 불쾌한 습관, 함께 보내는 시간 등의 늘 피하는 주제는 없습니까? 왜 입니까? 부부간에 서로 느낌과 관심사를 나누기 어려운 이유는 무엇입니까?

사람이란 누구나 몇 번쯤 수용을 기대했다 거부당하며 깊은 상처를 경험합니다. 그래서 부부 관계만은 다르리라 기대하며 결혼합니다. 그러나 어쩔 수 없이 거기서도 비슷한 비난과 거부에 부딪힙니다. 그 고통은 너무 쓰라려 구원이 필요합니다. 그래서 우리는 감정의 방벽을 치고 멀리 달아납니다. 자신을 무참히 짓밟은 상대에게 분노하며 혹시 더 큰 고통을 당하지 않을까 두려워 다시는 깊은 필요를 내비치지 않기로 마음을 닫습니다.

이것을 다음과 같이 그림으로 나타낼 수 있습니다. '속'을 내비쳤다 거부당하여 상처 입는 것을 막고자 만들어 내는 것이 보호막입니다.

보호막을 만드는 행동은 아주 다양합니다. 이에 대해 3장에서 자세히 다루겠지만 일반적인 것을 몇 가지 적어 보면 다음과 같습니다.

- 솔직한 느낌을 나누려 하지 않습니다.
- 마음에 상처를 받으면 분노로 반응합니다.
- 대화가 험악해질 듯싶으면 화제를 바꿉니다.
- 거부나 비난을 피하기 위해 슬며시 딴 얘기를 하거나 침묵으로 일관하거나 여타 다른 행동을 동원합니다.
- 깊은 나눔이 일체 불가능하도록 업무, 약속, 취미, 교회 활동, 잡담 따위에 늘 바쁘게 매달립니다.

다시 말하지만 보호막은 자신의 약점을 내보였다 상처받는 일이 없도록 방어하는 역할을 합니다.

  나는 오늘날 대다수의 부부가 인격적 필요의 차원에서 이루는 본질적 연합에 일말의 희망도 없이 저만치 감정의 보호막 뒤에 숨어 살아가고 있다고 확신합니다. 어떻게 해야 합니까? 더 이상 상대를 사랑하고 배려하지 않는 법을 배워야 합니까? 하나님께서 그리스도로 인해 우리를 받아 주셨듯이 우리도 서로 받아 줌으로써 중간에 가로막은 장벽을 허물 수는 없습니까? 물론 그래야 합니다. 성경이 그렇게 말하고 있고, 그래서 우리는 할 수 있습니다. 그러나 결코 완전할 수는 없습니다.

  세상에서 가장 잘 받아 주는 아내라도 남편의 중요감의 필요를 채워 줄 수 없습니다. 아내도 죄인이기에 언제나 바른 모습으로 남편을 섬길 수는 없습니다. 설사 그럴 수 있다 해도, 남편을 영원한 중책의 적임자(그런 사람이 되는 것만이 중요감이 채워지는 길이다)로 만들 능력이 없습니다.

  세상에서 가장 사랑 많은 남편이라도 아내의 안전감의 필요를 모두 채워 줄 수 없습니다. 이기심이라는 얼룩이 인간의 모든 동기를 변색시켰기 때문에 남편은 아내를 이기심 없이 무조건 받아 줄 수 없습니다.

  이제 3안의 문제점을 요약해 보겠습니다. 서로에게 필요 충족을 기대하는 이상 부부 관계는 다음 네 가지 요소로 더럽혀질 것입니다.

  첫째, 자신의 필요를 얻어 내기 위한 조작적 노력.

  둘째, 그 조작적 노력이 안 통할지 모른다는 두려움.

  셋째, 그것이 먹혀들지 않을 때 찾아오는 분노와 고통.

넷째, 자신의 결혼 생활이 본질상 이기적이라는 끈질기고 대개 무의식적인 죄책감.

그러므로 이제 결론은 분명합니다. 부부가 영혼의 차원, 존재의 가장 깊은 차원에서 하나 되려면 자신의 인격적 필요를 채워 줄 대상으로 상대를 의지해서는 안 된다는 것입니다. 그러면 어떻게 해야 합니까?

4안: 주님을 의지하여 채움을 받는다.

안전감과 중요감의 인격적 필요는 주 예수 그리스도와의 관계를 통해서만 진정 완전히 채워질 수 있습니다. 다시 말해 인간이 반

안전감과 중요감의 인격적 필요는 주 예수 그리스도와의 관계를 통해서만 진정 완전히 채워질 수 있습니다.

드시 행복감이나 만족감을 느낄 필요가 없는 하나의 인격으로 제 기능을 다하는 데 필요한 모든 것은 한순간도 예외 없이 그리스도와의 관계와 그분의 직접적 공급 속에서만 충족됩니다.

우리는 안전해질 필요가 있습니다. 그분은 우리를 사랑하십니다. 사랑하시되 우리가 결코 받을 자격이 없는 사랑, 우리 내면의 모든 흉한 것을 보면서도 여전히 받아 주는 사랑, 하나님과의 영원한 관계를 선물로 주시려 친히 우리 죄를 대신하여 십자가에서 피 흘려 죄 값을 온전히 지불하사 이제는 영원히 확증된 그 사랑으로 사랑하십니다. 그 사랑 안에서 나는 안전합니다.

우리는 중요해질 필요가 있습니다. 성령은 그 자비와 주권으로 모든 믿는 자를 세워, 만유를 그리스도 안에 통일한다는 하나님의 거대한 뜻에 동참시킵니다. 그리스도의 몸은 각 지체의 은사를 통해 자라갑니다. 이제 우리는 타인을 섬기고, 배우자를 격려하고, 자녀를 양육하고, 불의를 불평 없이 견디고, 하나님의 영광을 위해 범사에 최선을 다하는 충성스런 삶으로 자신의 가치를 드러낼 수 있습니다. 하나님께서 내 인생에 선한 길을 예비해 두셨다는 확신(엡 2:10)과 나의 순종이 하나님의 영원한 계획 성취에 중요한 한 부분이 된다는 확신 속에 살아갈 수 있습니다. 이 사실을 바로 깨닫고 그대로 산다면 거기서 무엇과도 비할 수 없는 중요감을 얻게 됩니다.

진리의 평균대

요컨대 4안은 주님을 의지하여 그분을 통해 인격적 필요를 채움 받는 것입니다. 그밖에는 다른 길이 없습니다. 그러나 문제가 있습니다. 이 영적 실체를 시야에서 놓치지 않고 똑바로 따라가기에는 우리 믿음의 눈이 너무 어둡습니다. 이 진리는 순수한 믿음으로만 뚜렷이 볼 수 있기에 우리로서는 그것을 지키기가 역부족입니다.

영적 진리란 자칫하면 어느 한쪽으로 떨어지기 쉬운 좁다란 평균대와도 같습니다. 그리스도인의 모든 관계, 특히 그리스도인의 결혼이라는 평균대를 지탱하는 핵심 진리는, 우리가 한순간도 예외 없이 그리스도 안에서 영원한 사랑으로 사랑받고 있으며 진정 중요한 존재가 되었다는 사실입니다.

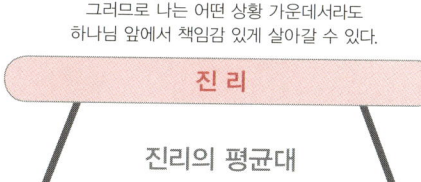

진리의 평균대

그리스도인들은 이 진리의 평균대에서 실책을 범해 아래로 떨어질 때가 많습니다. 중요한 관계(결혼, 가족, 우정)나 인생의 사건(직장, 건강, 특권)으로 인해 안전감이나 중요감이 느껴지지 않을 때 여전히 자신이 가치 있는 존재라는 사실을 굳게 붙들기란 어려운 일입니다. 아내가 남편을 존중하지 않거나 남편이 아내에게 거리감을 둘 때, 거부당한 쪽에서 자신이 그리스도 안에 이미 받아들여진 가치 있는 존재라는 진리를 확고히 붙잡기란 쉽지 않은 일입니다.

거부와 실패가 우리 옆구리를 쿡쿡 찔러 실책 1을 범하게 해 마침내 진리의 평균대에서 떨어뜨릴 때가 많습니다. 상대가 나를 거부했으니까, 혹은 이번 일에 실패했으니까 나는 가치가 덜한 사람이라고 생각합니다.

한편 우리를 반대쪽으로 떨어지게 하는 또 다른 실책이 있습니다. '그리스도는 나의 모든 것'이라는 진리가 때로는 인간관계에 감정상 안전거리를 두어 인격적 상처를 피하는 방어 도구로 오용될 수 있습니다.

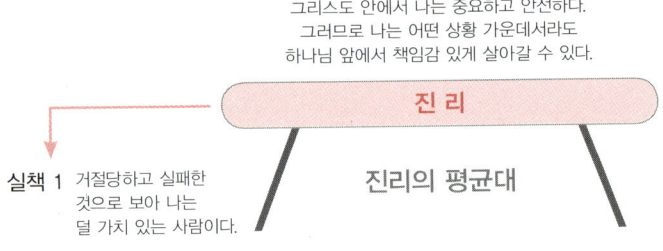

독립적이고 자만심 강한 남자가 동료 그리스도인에게 이렇게 말하는 것을 들었습니다. "내 안에 예수님이 계시니까 난 네가 있든 없든 가치 있는 사람이야. 네가 듣기 싫은 소리를 해도 나한텐 별 상관없고 네가 날 받아 주는 것도 사실 그렇게 중요한 건 아니지. 너 때문에 감정이 좌우된다는 것은 주님께 대한 믿음의 부족을 드러내는 것밖에 되지 않아."

그는 실책 2를 향해 곤두박질치고 있습니다. 그것은 관계의 아품을 피하기 위해 나의 가치는 그리스도 안에만 있다는 진리 뒤로 숨는 것입니다.

영적 성숙도와 상관없이 우리는 누구나 상실과 거부에 깊은 아픔을 느낄 수 있습니다. 그건 전혀 잘못이 아닙니다. 최우선 관계는 물론 주님과의 관계이지만, 그럼에도 우리는 다른 이들과 더불어 여전히 상대가 나를 실망시키며 깊은 상처를 줄 수 있는 차원의 깊은 관계를 맺어야 합니다. 그리스도가 우리의 만족이라는 사실은 그분이 마치 석면(방화 재료)과 같이 모든 인간관계의 따가운 불꽃을 막아 준다는 뜻이 아닙니다. 그분의 만족되심은 우리에게 깊은 아픔 중에서도 성경적 인간관계를 지속할 수 있는 힘을 주십니다. 아무리 큰 상처도 주님이 주신 안전감과 중요감을 앗아갈 수 없기에 이것은 실제 가능한 일입니다. 주님의 사랑이 주는 안전감과 그분의 계획과 뜻에 동참한다는 중요감, 이것만 있으면 그리스도인은 어떤 상황도 헤쳐 나갈 수 있습니다.

그렇다고 대인 관계를 중요하지 않게 여겨서는 안 됩니다. 그것도 우리에게 깊은 영향을 미칩니다. 그러나 그리스도의 만족되심이 우리로 능히 그것을 감당케 하십니다.

이제 그림을 이렇게 완성할 수 있습니다.

지금부터 그리스도인 부부가 어떻게 진리의 평균대에서 떨어지지 않고 영적으로 연합할 수 있는지 살펴보려 합니다.

우선 실책 1을 피하는 방법부터 생각해 봅시다.

상대가 나를 존중하지 않거나 내게 무관심하다는 느낌이 계속될 때 그리스도인 부부는 어떻게 해야 합니까? 안전감과 중요감이 손

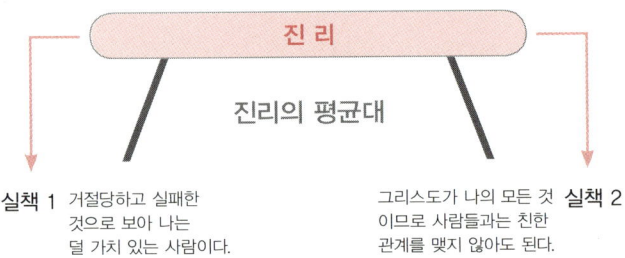

상되는 쓰라린 아픔 속에서, 감정의 보호막 뒤에 숨어 구원받고 싶은 상황입니다. 이 문제를 어떻게 풀어야 합니까? 가슴속에 상처를 느끼는 사람이 어떻게 실책 1을 피하고 자신이 그리스도 안에서 인격적으로 가치 있는 존재라는 진리를 붙들 수 있습니까?

전에 상담했던 한 여성은 자신이 몇 년 동안 자녀에게서 정서적 만족을 구했다는 사실을 깨달았습니다. 남편은 아내를 삶 밖으로 몰아내 사랑과 보호에 주린 상태로 방치해 두었습니다. 아내는 자기가 원하는 것을 아이들에게서 얻으려 했습니다. 자연히 남편을 사랑으로 따뜻하게 대하는 것은 억지가 되었고, 그 억지 밑에는 다가갔다 차갑게 거부당하지 않을까 하는 깊은 두려움이 깔려 있었습니다.

나는 그 여자에게 지금 그녀는 인격적 필요를 채우기 위해 남편을 의존하고 있으며, 그런 관계는 본질상 이기적이고 조작적인 것이라 말해 주었습니다. 그러자 그녀는 고개를 저으며 말했습니다.

"제 사랑의 필요를 채워 주실 분이 하나님이라는 건 저도 알아요. 하지만 이 모든 상처와 두려움은 어떻게 하죠? 하나님이 저를 사랑하신다는 것을 믿어요. 하지만 그것이 실제로 아무런 도움이 되지 않아요."

그리스도께서 사랑하시기에 이 여자는 성경이 명하는 모든 말씀에 순종할 수 있습니다. 진리의 평균대에 똑바로 서기 위해 나는 그녀에게 다음 세 단계를 따르도록 권했습니다.

1단계: 당신의 모든 감정을 하나님 앞에 그대로 인정하라.

대개 그리스도인들은 슬퍼도 기분 좋은 양 행동해야 한다고 배워 왔습니다. 불행을 느끼는 것은 있을 수 없는 일이기에 늘 안 그런 척해야 합니다. 그러나 히브리서 4장 15절은 "우리에게 있는 대제사장은 우리의 연약함을 동정하지 못하실 이가 아니라" 했습니다. 그렇다면 감정적 연약함을 그분께 숨기고 무비판적 이해와 위로를 거부한다는 것은 얼마나 잘못된 일입니까!

나는 상담 받은 여성에게 자신의 상처와 고통을 하나님 앞에 있는 그대로 인정하게 했습니다. 하나님께 속마음을 낱낱이 아뢰는 것입니다. 이런 조언을 해 주면 많은 이들은 "주님, 상처받은 것을 용서해 주세요" 하고 회개 기도만 되풀이합니다. 핵심을 완전히 빗나간 것입니다. 상처를 느낀 마당에 통회해야 할 이유가 없습니다. 슬픔이나 분노나 고통으로 속상할 때, 모든 것을 보시는 하나님 앞에 그 기분을 그대로 겸손히 아뢰면 됩니다. 그녀는 마침내 이렇게 기도했습니다.

"주님, 상처가 너무 견디기 힘듭니다. 소리치며 뛰쳐나가 아무나 실컷 패 주고 싶은 심정입니다. 이런 감정이 싫지만 사실입니다.

제가 쓸모없는 존재인 것 같고 슬프고 허무하고 화가 납니다. 이 모습까지도 그대로 사랑해 주시니, 주님, 감사합니다."

2단계: 그리스도 안에서 안전하고 중요한 진리를 붙들라.

그리스도인의 삶에서 가장 중요한 사실 중 하나는 믿음과 행동이 기분에 좌우될 필요가 없다는 것입니다. 나는 그 여성에게 남편의 거부에도 불구하고 자신은 이미 그리스도 안에서 온전히 사랑받는 가치 있는 존재라는 사실을 자꾸 기억하게 했습니다. 이해를 돕기 위해 자기 마음을 녹음테이프에 담아 보게 했습니다. 어떤 식으로든 남편에게 거부당할 때마다 그녀의 마음속에는 즉시 이런 녹음테이프가 돌아가고 있었습니다.

"남편이 거부하면 내 사랑의 필요는 채워질 수 없다. 사랑받는다는 느낌은 남편한테 달려 있으니까."

우리의 인격적 필요를 채움에 있어 그리스도로는 충분치 않다는 생각은 사탄의 거짓말입니다. 나는 카드에 새 테이프의 내용을 적어 주며 다음번 남편에게 거부당할 때 틀어 보고 혼자 반복하게 했습니다. 새 테이프에 녹음된 말은 이런 것입니다.

"남편은 나를 거부할 수도 있다. 물론 그것은 내게 적잖은 상처가 될 것이다. 하지만 남편이 어떻게 대하든 나는 여전히 주님의 놀라운 사랑, 온전한 사랑을 받고 있다. 그분의 사랑 때문에 나는 안전한 여자다."

3단계: 배우자의 어떤 반응도 당신의 가치를 바꿔 놓을 수 없음을 생각하며 이제 배우자의 필요를 채워 주기 위해 자신을 내주라.

행함 없는 '믿음(바른 테이프를 트는 것)'은 죽은 것과 마찬가지입니다. 그래서 나는 이 여성이 진리의 평균대에 굳게 서도록 돕는 마지막 단계로, 새 테이프에 암시된 내용을 삶에 옮겨 보게 했습니다. 이제 여자는, 그리스도 안에서 참으로 안전하기에 거부당할 두려움 없이 자신을 온전히 남편에게 내줄 수 있습니다. 지금까지 그렇게 못한 것은 죄였으며, 죄로 자백해야 합니다. 회개가 뒤따라야 합니다.

나는 여자에게 낭떠러지를 그리게 했습니다. 그리고 자신이 위에서 낭떠러지 밑을 내려다보는 장면을 그리게 했습니다. 낭떠러지 밑바닥은 두려운 상처의 원인, 즉 남편의 거부를 뜻합니다. 계속 위에 있는 한 안전합니다. 남편과 적당히 거리를 둔 만큼 쓰라린 거부의 고통도 당할 필요가 없습니다. 낭떠러지 위에 그대로 남는 행동은 예컨대 뒤로 물러나거나 사납게 덤비거나 보호막 뒤로

숨는 것 등입니다.

여기서 우리는 성경적 결혼 모델에 대해 얘기했습니다. 남편이 가치와 중요감을 느낄 수 있도록 아내가 자신을 온전히 내주어야 한다는 것입니다. 주님께 순종하려면 이제 여자는 안전한 위쪽에서 아래쪽 남편의 거부로 뛰어내려야 합니다. 여자는 두려운 눈빛으로 나를 쳐다보았습니다. "또 상처받을 거예요. 더 이상의 거부는 견딜 수 없어요."

나는 여자에게 자신의 허리에 굵은 밧줄이 묶여 있는 모습을 연상하게 했습니다. 밧줄은 하나님의 사랑을 나타내는 것으로, 주님이 계신 낭떠러지 위쪽에서 친히 붙들고 계십니다. 여자가 위에 남아 있는 한 밧줄은 축 늘어져 있습니다. 아직 여자의 몸무게가 실리지 않았기 때문입니다. 지금 여자를 지탱하고 있는 것은 밧줄이 아니라 낭떠러지입니다.

마침내 여자는, 낭떠러지 위에 남아 있는 한 밧줄의 힘을 느낄 수 없음을 깨달았습니다. '그리스도의 사랑으로 나는 안전하다'는 확신을 실감하려면 뛰어내려야 했습니다. 어떤 대가에도 아랑곳 않고 남편의 필요를 채워 주고자 안전한 위쪽을 떠나 자신을 온전히 내주는 것입니다. 낭떠러지 아래로 뛰어내리기 전에는 주님이 나의 모든 필요를 채우신다는 믿음은 사실상 의미 없는 것입니다.

거부의 밑바닥에서 하늘로 매달려 자신이 하나님의 사랑으로만 지탱되는 것을 체험하기 전에는, 여자는 결코 그리스도께서 자신의 안전감의 필요를 채우신다는 말의 참뜻을 알 수 없습니다.

뛰어내리지 못하는 것은 거부가 두렵기 때문입니다. "온전한 사랑이 두려움을 내쫓나니"(요일 4:18). 그 사랑에 자신을 내맡겨 그것이 우리를 파멸에서 건져 주는 것을 체험할 때 비로소 우리는 그 사랑을 알 수 있습니다. 여자는 이 그림을 한참 들여다본 후에 이렇게 말했습니다. "무슨 말인지 알겠어요. 하지만 아직도 두려워요. 뛰어내린다는 생각만 해도 온몸에 소름이 끼쳐요."

그래서 우리는 그림에 한 가지를 더 넣었습니다. 두려움을 느끼며 위쪽에서 뛰어내리는 시점부터 체중이 밧줄에 완전히 실려 사랑의 줄이 팽팽하게 되기까지 '얼마간의 시간'이 걸린다는 점입니다. 스카이다이빙과 비슷합니다. 다이버는 비행기에서 발을 떼는 순간부터 낙하산이 다 펴지는 시점까지 잠시 그대로 바닥으로 추락할 것 같은 기분이 든다고 합니다.

그리스도인은 두려움 중에 '믿음의 낙하'를 감행합니다. 그리스도의 사랑에서 나오는 안전감을 인격 깊이 체험할 때까지는 한 시

간이 걸릴지 일주일이 걸릴지 일 년이 걸릴지 아니면 그 이상이 걸릴지 모릅니다. 낙하 시점과 그리스도 안에서 실제 안전감을 느끼는 시점 사이에 우리는 이전 어느 때보다 더 큰 두려움을 느낄지 모릅니다. 이럴 때 하나님의 말씀을 의지하는 자세가 절대 필요합니다.

"그의 영원하신 팔이 네 아래에 있도다"(신 33:27).

"내 육체와 마음은 쇠약하나 하나님은 내 마음의 반석이시요 영원한 분깃이시라"(시 73:26).

이제 요약하겠습니다. 시련의 시간이 찾아올 때는 자신의 가치를 판단하는 눈이 흐려지기 쉽습니다. 이럴 때 자신이 가치 있는 존재라는 생각을 지킨다는 것은 여간 어려운 일이 아닙니다. 거부나 실패 때문에 자신을 가치가 덜한 사람으로 생각하는 실책에 빠지지 않는 세 단계는 이렇습니다.

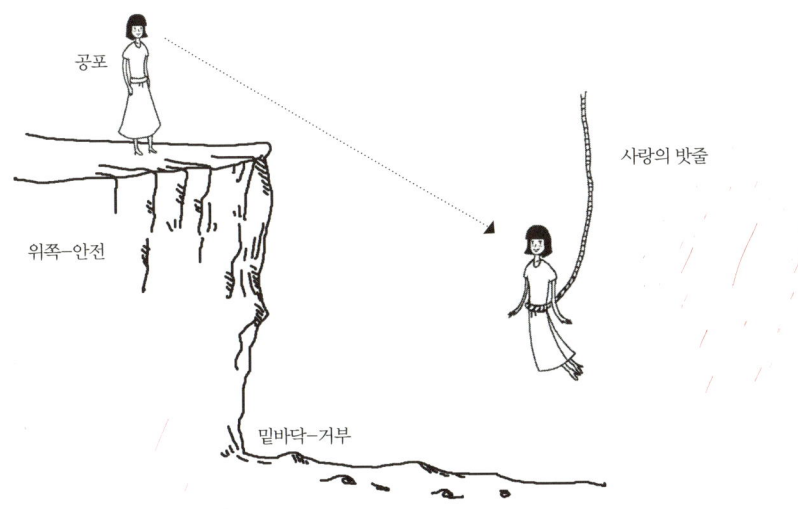

1단계: 자신이 무가치한 존재라는 기분이나 상처 등 괴로운 감정을 하나님 앞에 그대로 인정합니다.
2단계: 우리의 안전감과 중요감은 그리스도 안에서 영원히 확고하다는 진리를 늘 기억하며 주장합니다.
3단계: 두려움을 이기게 하는 하나님의 크신 사랑을 믿으며 거부, 실패, 창피, 비난 등 지금껏 두려워한 모든 것에 정면으로 부딪혀 그 진리를 삶 속에서 체험합니다.

감정적 위축의 문제

이번에는 실책 2에 빠지지 않는 길을 생각해 봅시다. 이것은 우리를 평균대에서 떨어뜨리는 또 하나의 실책—그리스도가 나의 전부이므로 나의 감정은 너와는 상관없다—으로, 영적 연합에 대한 모든 희망을 여지없이 짓밟아 버립니다. 우리의 필요가 그리스도 안에서만 온전히 채워지는 것도 사실이지만, 주님께서 부부를 서로 인격적 가치를 분명히 느끼게 해 주는 도구로 사용하기 원하시는 것도 사실입니다. 우리에게 안전감과 중요감을 주실 수 있는 분은 그리스도뿐입니다. 그러나 종종(결코 항상 그런 것은 아님) 우리는 배우자를 통해 자신이 가치 있는 존재임을 느끼게 됩니다.

하나님은 남편과 아내에게 피차 복종하라 하셨습니다. 상대의 필요를 먼저 생각하라는 말입니다. 우리는 배우자의 필요를 채워 주어야 합니다. 진정 사랑받고 존경받는다는 것이 무엇인지 분명히 느끼게 해 주어야 합니다.

이 일을 잘하려면 먼저 자신의 행동이 그리스도 안에서 배우자의 안전감과 중요감에 미치는 영향을 알아야 합니다. 그것을 알면 자신의 인격 깊은 곳의 은밀한 부분을 드러낼 수밖에 없습니다. 실망, 상처, 두려움, 채워지지 않은 갈망 등과 같은 내면의 고민을 배우자와 함께 나누는 것보다 더 깊은 연합 의식을 가져다주는 것은 없습니다.

가장 깊은 고민을 아내에게 알린다는 것이 처음에는 적잖은 두려움으로 다가옵니다. 아내가 나의 관심사를 가볍게 여기지는 않을까? 더 이상 나를 존중하지 않는 것은 아닐까? 웃거나 비난하지는 않을까?

만일 아내가 거부한다면 나는 다시 한 번 가치의 기초로 그리스도의 사랑을 의지해야 합니다. 그러나 아내가 내 말을 들어준다면, 참으로 들어준다면, 부부 사이에는 친밀함이 깊어집니다. 그리고 그 친밀함은 내가 그리스도 안에서 참으로 가치 있는 존재라는 믿음을 더욱 확인해 줍니다. 다른 누구와도 나눌 수 없는 내면 깊은 부분을 아내에게 내보임으로 얻는 이런 친밀함이야말로 영적 연합의 핵심 요소입니다.

평균대에 바로 서서 이런 친밀함을 이루어 가려면 닥쳐오는 문제를 후퇴의 원인이 아니라 상대를 더 잘 섬기는 길을 배우는 기회로 삼아야 합니다. 내가 겪은 일을 예로 들어 설명해 보겠습니다.

몇 주 전 성경 공부를 마치고 아내와 함께 막 차에 탔을 때 아내가 상처받은 듯 화난 목소리로 말했습니다. "아까 당신이 '…'라고 말했을 때 너무 속상했어요. 화가 치밀어 말도 안 나오는군요."

이 상태에서 영적 연합으로 옮겨 가는 길은 정확히 무엇입니까? 다음 몇 가지 방안을 생각해 보고 그중 친밀함을 이루는 데 가장 적합하다고 생각되는 것을 골라 보십시오.

1. '내일 아침이면 마음도 가라앉고 말도 공손해지겠지. 내일 저녁때쯤이면 다시 친절한 태도로 돌아올 거야.' 이런 생각으로 아내의 말을 무시한다.

2. "상처 주려는 뜻은 없었어"라며 자신을 방어하거나, "당신도 나 속상하게 했잖아", "당신은 너무 민감해, 믿음이 더 필요해", "또 뭐야?" 하는 식으로 아내를 공격한다.

3. 무조건 사과하여 예상되는 불쾌한 대화를 미리 막는다.

이 셋 중 하나를 해결책으로 택했다면 당신에겐 이 책이 필요합니다. 이 방면에 전문가라는 나도 유감스럽게 2안의 방어와 공격으로 맞섰습니다. 우리가 나눈 대화는 이렇습니다.

> 나　：도대체 내가 뭘 어쨌다는 거요? (아내의 과민 탓인 것처럼 교묘히 몰아세운다.)
> 아내：사람들 다 있는 데서 당신이 '…'라고 말한 건 나를 혹평한 거였어요.
> 나　：여보, 그건 혹평이 아니었소! 당신은 지금 내 뜻을 완전히 오해하고 있는 거요! (방어와 공격)

> 3초 정도 침묵이 흐른 뒤,
> 아내：어쨌든 나는 정말 상처받았어요. 속상해 죽겠어요.
> 나　：좋소, 미안하오. 그밖에 무슨 말을 하겠소. (3안으로 넘어가, 대화를 끝내려는 심산으로 사과한다.)
> 30분 간 침묵이 계속됨.

두 번째 긴 침묵이 흐르는 동안 내가 영적 연합의 길에서 벗어나 있음을 분명히 깨달았습니다. 아내와 나는 그리스도 안에서 우리가 가치 있는 존재라는 사실을 느끼지 못하고 있었습니다. 그러나 그 사실을 느끼는 것만이 우리를 서로의 필요에 민감하게 반응할 수 있게 해줍니다. 내가 훌륭한 남편인지의 여부를 떠나 주님의 사랑과 나를 향한 그분의 계획만으로 충분히 가치 있는 존재라는 사실, 그리고 나의 가치는 아내로부터 물러나는 태도가 아니라 아내를 섬기려는 노력으로 표현되어야 한다는 사실이 생각났습니다.

　이번에는 다른 목적으로 말문을 열었습니다. 아까는 자기 방어로 고통을 피하려 했지만, 이제는 사태의 실상과 아내의 상처를 앞으로 아내를 더 잘 사랑하려는 마음으로 바로 이해하고 싶었습니다. 두 번째 나눈 대화는 이렇습니다.

> 나　: 여보, 오늘 밤 당신에게 큰 상처를 준 것 같소. 그 말이 당신에게 왜 그토록 상처가 됐는지 이제 알고 싶소. 말해 주지 않겠소?
> 아내: 잘 말할 수 있을지 모르겠어요. 지금도 하도 속상해서….
> 나　: 받아들일 수 있소. 당신이 사랑을 느끼도록 당신에게 더 잘해 주고 싶소. 오늘 밤은 당신을 실망시켰지만 이것을 통해 뭔가 배우고 싶소.
> 아내: 당신이 나를 사랑한다는 것과 늘 내 마음을 편하게 해 주려 한다는 건 나도 알아요. 하지만 가끔 보면 당신은 너무 둔해요. 당연히 …한 기분이 들 것 같은데, 당신은….

　우리는 서로의 깊은 필요에 대해, 그리고 상대를 상처 아닌 치유로 대함에 있어 어떻게 하나님의 도구로 사용될 수 있는지에 대해 한 시간 남짓 얘기했습니다. 영적 연합을 향하여 나아간 것입니다.

　영적 연합이란 내면의 필요의 차원에서 만날 때만 누릴 수 있는 깊은 친밀함의 세계입니다.

결론

이제 지금까지의 내용을 요약하겠습니다.

1. 모든 인간에게는 관계 밖에서는 채워질 수 없는 안전감과 중요감의 인격적 필요가 있습니다.

2. 많은 사람이 다음과 같은 잘못된 방법으로 그 필요를 채우려 합니다.
(1) 인격적 필요의 실재를 무시하고 대신 육체적 쾌락에서 만족을 얻으려 합니다.
(2) 참된 안전감과 중요감을 가져다 줄 수 없는 성취, 부, 명예 등을 통해 가짜 만족을 얻으려 합니다.
(3) 안전감과 중요감을 배우자에게서 찾습니다. 그 결과 자신의 인격적 만족을 위해 상대를 이용하려는 조작적 관계가 나타납니다. 어떤 남편이나 아내도 상대의 인격적 필요를 채워 주기에 완전히 적합한 자는 없으므로 이런 착취 관계는 반드시 문제를 유발합니다.

3. 그리스도만이 우리의 필요를 채우실 수 있으며 그분만이 우리에게 영원한 안전감과 진정한 중요감을 주실 수 있습니다. 그리스도 안에 있는 우리의 안전감과 중요감을 더 깊이 인식하고 실감하려면 어떻게 해야 합니까?
(1) 배우자의 필요를 채워 주기 위해 나를 온전히 내줄 수 있을

만큼, 그리고 상대의 반응이 어떻든 계속 기쁘게 섬길 수 있을 만큼, 그리스도의 사랑을 충분히 믿어야 합니다.

(2) 배우자가 자신을 가치 있는 존재로 느끼고 수용하는 데 내가 미칠 수 있는 영향을 바로 인식해야 합니다.

영적 연합이란 다음과 같이 정의할 수 있습니다.

1. 부부 각자가 자신의 인격적 필요를 채워 주는 분으로 오직 주님만 바라보며 주님만 의지하는 관계입니다.

2. 다음과 같은 일을 신실하게 감당함으로 서로 돌보는 관계입니다.

(1) 상대방의 인생을 향한 하나님의 계획을 이루는 도구로 자신을 내줍니다.

(2) 상대방의 안전감과 중요감 경험에 자신이 미칠 수 있는 영향을 충분히 인식합니다.

3장

정신적 연합 1

이용하려 들지 말고 섬기라

한 교회 목사의 리더십에 문제가 생겼습니다. 온 교인이 목사의 사역에 불만을 가진 지 일 년이 다 됐습니다. 분명 뭐가 잘못되긴 했지만 아무도 그 원인을 정확히 짚어낼 수 없었습니다. 최근에야 교회 지도자들 사이에 미심쩍으나마 겨우 동의가 이루어졌는데, 그것은 문제가 목사의 부부 관계와 상관있다는 것이었습니다.

이 문제를 놓고 의논하던 장로들은 목사 사모가 집안일보다 청소년 상담 사역에 더 헌신해 왔다는 결론을 내렸습니다. 놀랍게도 그 사역은 아내로서 내조할 여력이 남지 않을 만큼 에너지를 고갈시키는 일이었습니다. 사모가 상담 사역에 더욱 바빠질수록 목사의 스케줄도 회의, 행정 일, 잡무 따위로 더욱 바빠져야 했습니다.

그 결과 목사는 교회를 효과적으로 섬기는 데 필요한 성도들과의 생생한 접촉을 잃고 말았습니다.

목사의 사역 등한시와 사모의 상담 몰두가 정확히 어떤 관계인지 몰라도 최소한 부부 관계에 뭔가 문제가 있으리라는 점에는 장로들 모두 같은 생각이었습니다. 그래서 따로 자리를 마련해 이런 얘기를 꺼내자 목사와 사모 둘 다 분노를 느끼며 억울하다는 반응을 보였습니다. 긴장된 순간이 지나고 몇 차례 간곡한 부탁이 있은 후에야 목사 부부는 이 문제로 상담 받는 데 동의했습니다.

몇 주 후 목사 부부가 내 사무실을 찾아왔습니다. 두려움을 감추려고 아주 온화한 인사를 건네는 것이 역력히 느껴졌습니다. 나는 얼마 전 장로들한테서 그간의 사정과 우려 사항이 적힌 편지를 받았다는 말로 얘기를 꺼냈습니다. 목사는 장로들의 생각에 강하게 이의를 제기하면서, 자신들의 부부 관계가 어느 때보다도 안정돼 있고 철저히 하나님 중심이라고 거듭 힘주어 말했습니다.

이 부부는 자신들이 진정 주님을 사랑한다고 믿고 있었습니다. 우리의 안전감의 기초가 그리스도의 무조건적 사랑이며 중요감의 근거가 그리스도께서 우리를 위해 마련하신 영원한 계획에 있다는 것도 분명히 알고 있었습니다. 그러나 이 진리에 대한 지식이 단순한 지적 동의 이상의 것이었음에도 그들에게는 뭔가 중요한 것이 빠져 있다는 느낌이 들었습니다. 그들 사이에는 다정하고 자연스런 분위기나 따뜻한 애정이 없었습니다. 아무리 봐도 어색하고 긴장돼 보였습니다.

부부 상담 시 나는 종종 최근에 있었던 구체적 사건을 얘기하게 합니다. 평소의 대화 방식을 알아보는 것입니다. 목사는 얼마 전 훌륭한 식당에 가서 멋진 저녁 시간을 보낸 일을 얘기했습니다. 저녁 먹는 도중 아내를 부르는 연락이 왔습니다. 지금 경찰이 가출 소녀를 찾아냈으니 와서 상담해 달라는 것이었습니다. 이 긴급한 연락을 받고 아내가 자리를 떴을 때 목사의 기분이 어땠는지 물었습니다.

목사는 웃으며 말했습니다. "아내는 청소년에게 깊은 애정을 갖고 있습니다. 하나님이 아내에게 독특하고 중요한 사역을 맡기셨습니다." 다시 물었습니다. "하루 저녁이라도 아내가 사역에서 완전히 벗어나 나한테만 전적으로 관심을 가져 줬으면 하고 바란 적이 없습니까?"

그가 대답했다. "물론 있습니다. 하지만 아내의 일도 중요하다고 생각합니다. 더욱이 우리는 하나님의 인도라면 무슨 일이든 순종하며 섬기기로 헌신한 자들입니다."

이때 부인이 답답하다는 듯 나에게 말했습니다. "선생님 말씀에 동의할 수 없군요. 나에게 남편은 하나님과 그분의 일을 빼고는 무엇보다 소중합니다. 하나님이 우리를 팀으로 묶어 다른 사람들을 섬기게 하셨다고 믿습니다. 남편은 목회하고 나는 하나님이 보내 주시는 아이들을 돌봄으로 남편을 돕습니다. 아직까지 한 번도 잘 못됐다고 생각해 본 적 없어요."

문제가 있는 겁니까, 없는 겁니까? 연합이라는 하나님의 계획에 부합되는 결혼입니까? 이들은 하나님의 일에 헌신했으며 자신의 필요가 하나님 안에서 채워졌다고 믿습니다. 그러나 이들의 관계는 어딘가 핵심에서 비켜나 있는 것 같습니다.

정신적 연합의 개념

많은 복음적 부부가 영적 연합의 본질적 개념은 그런 대로 설명할 줄 압니다. "나의 안전감과 중요감을 채우시는 분은 그리스도이시다. 그러므로 나는 그 필요를 채움 받으려 배우자에게 의존할 필요가 없다. 내 자원이 고갈되면 주께서 다시 채우실 것을 믿기에 온전한 희생으로 내 삶을 내줄 수 있다." 이렇게 고백하는 이들도 있습니다. "상대가 나를 실망시킬 때 하나님이 그리스도의 사랑의 밧줄을 보내 보호해 주신다 약속하셨으므로 이제 나는 안전한 위쪽에서 낭떠러지 아래 거부의 심연으로 뛰어내릴 수 있다."

그러나 대다수 그리스도인에게 이런 진리는 한낱 지식일 뿐입니다. 실제로 이 개념이 부부 관계에 주는 의미를 진지하게 생각하는 부부는 많지 않습니다. 이론에서 삶으로 바뀌지 않기에 진리는 결코 힘을 발하지 못합니다. 진리는 지식을 통해서가 아니라 지속적인 실천을 통해 비로소 진리가 됩니다.

영적 연합의 개념에서 자연스럽게 필연적으로 따라오는 것이 부부 '정신적 연합'의 개념입니다.

성경에 보면 인간과 하나님의 관계를 가리킬 때는 주로 인간을 영혼이나 본질상 영적 존재로 표현할 때가 많습니다(요 4:24 참조). 그러나 성경이 인간 존재의 비물질적 부분을 가리켜 정신이란 단어를 사용할 때는 세상 환경과 관계 맺고 있는 인간을 뜻할 때가 많습니다.[1]

---

1. J. Oliver Buswell, *A Systematic Theology of the Christian Religion*(Grand Rapids: Zondervan, 1972), part II, pp. 239-40

영적 연합은 부부 각자와 하나님의 관계 그리고 그 영적 관계를 통한 안전감과 중요감의 충족에 초점이 있습니다. 반면 정신적 연합이란 남편과 아내의 관계에 초점이 있습니다.

하나님의 계획은 부부가 영적 연합에서 그치지 않고 관계의 연합, 즉 정신적 연합으로 나아가는 것입니다. 이 연합은 상대의 인격적 필요를 깊이 채워 주는 독특한 도구로서 부부 간의 건강하고 친밀한 관계에서 비롯됩니다. 간단히 말해 영적 연합의 기초가 인격적 필요의 충족을 주님께 의지하는 데 있다면 정신적 연합의 기초는 상대의 인격적 필요를 채우려 서로 기꺼이 섬기는 상호 헌신의 관계에 있습니다.

많은 그리스도인 부부와 마찬가지로 이 목사 부부도 서로 섬기는 관계에 대해 잘 몰랐습니다. 조심스런 분석 결과 이들의 부부 관계는 섬김보다는 감정의 고통을 교묘히 줄이는 것이 일차적 관건이었습니다. 남편도 아내도 영적으로 수용할 수 있는 부분 이면에 숨은 상대의 정신적 필요를 몰랐고, 그 필요를 깊이 채워 줄 수 있는 놀라운 잠재력과 기회가 자신에게 주어졌다는 사실을 깨닫지 못했습니다.

이들 사이에는 의미 있는 접촉을 철저히 가로막는 벽이 있었습니다. 그것은 키스하려는 연인 사이에 끼어 있는 유리창 같은 것입니다. 자세는 다 준비됐습니다. 그러나 감촉이 없습니다. 오직 차가운 유리뿐입니다. 교묘한 조작의 관계에서 자발적 섬김의 관계로 기꺼이 옮겨갈 때에만 이 벽을 없애고, 풍요롭고 친밀하고 충만한 정신적 연합의 관계를 이룰 수 있습니다. 이 문제에 대해 좀 더 자세히 살펴보겠습니다.

당신의 참 목표는?

모든 일에는 목표가 있습니다. 인간은 생각 없이 정해진 대로 움직이는 자동 반응 동물이 아닙니다. 쉴 새 없이 멋대로 몰아가는 내면 심리 세력의 무력한 피해자도 아닙니다. 원치 않는 일을 하는 것처럼 느껴질 때도 있지만, 사실 인간의 모든 일은 의식·무의식적으로 자신에게 중요한 목표에 도달하려는 노력으로 이루어집니다.

우리 내면에는 중요한 존재가 되고, 자존심 상하는 일을 피하며, 고통을 면하고, 즐겁게 지내는 법에 대한 일련의 신념이 있습니다. 이런 살아가는 방식을 어렸을 때부터 부모나 교사나 TV를 통해 배웁니다.

세상 권세 잡은 자는 사탄이며 인간의 타락한 본성은 하나님을 경시하는 생활 풍조에 너무 쉽게 이끌리기 때문에, 자신에게 필요한 사랑과 의미를 찾는 길에 대한 우리의 신념은 잘못된 것일 수밖에 없습니다. 필요에 대한 신념에서 추구할 목표가 나옵니다. 먹을 것이 필요하다고 믿는 자는 식품점에 가는 것이 목표가 됩니다. 이처럼 신념이 목표를 정합니다.

자기들 일에만 바빠 자녀를 소홀히 하는 부모 밑에서 자란 소년이 있다고 합시다. 세상에는 내 필요에 관심을 가져주는 사람이 아무도 없다는 신념이 차츰 생겨날 것입니다. 이 잘못된 신념에서 "나 외에는 아무도 믿지 않는다"는 목표가 나올 것이고, 그 목표의 추구를 통해 그는 인간관계의 고통을 피하려 할 것입니다.

어린 시절의 경험은 좀처럼 꺾기 힘든 잘못된 신념을 심어 줄 때가 많습니다. 아빠가 밤늦도록 들어오지 않아 울고 있는 엄마를 보는 어린 딸을 생각해 보십시오. 이 불행한 소녀는 남자가 여자에게 상처를 입힌다는 신념을 배웁니다. 무슨 일이 있어도 남자에게 정신적으로 기대지 않겠다는 목표가 자신도 모르는 사이에 내면에 싹틉니다. 결혼해도 이 목표 때문에 남편과 거리를 두고, 남편의 사랑 속에 쉬지 못하며, 남편에게 자신을 내주지 못합니다.

사업 성공을 인생 목표로 삼는 아버지 밑에서 자란 소년은 '한 건 크게 터지는 것'[2]이 행복이나 중요감의 지름길이라는 신념을 배웁니다. 그는 권세와 높은 지위를 목표로 삼습니다. 이 잘못된 목표로 인해 사랑할 때도 성공에 도움이 될 만한 여자를 고릅니다.

지금까지 얘기한 것을 정리해 보겠습니다.

1. 안전감과 중요감을 얻는 (혹은 비안전감과 비중요감을 피하는) 방법에 관해 우리는 잘못된 신념을 만들어 냅니다.

2. 이 신념에서 목표가 나옵니다. 목표는 행동과 노력의 방향을 좌우하는 인생 원리가 됩니다.

3. "내가 얻으려는/ 피하려는 것은 무엇인가? 나의 목표는 무엇인가?" 이 질문에 답하면 지금 자신이 하는 일의 이유와 동기를 정확히 알 수 있습니다. 목표를 정확히 파악할 때 목표 뒤에 숨은 잘못된 신념을 찾아내 바로잡을 수 있습니다.

이제 목표의 개념이 결혼과 어떻게 연관되는지 알아보겠습니다. 다음 상황을 생각해 보십시오.

---

2. 중요감을 얻는 방법에 대해 부모가 자신의 삶을 통해 자녀에게 잘못된 신념을 가르치는 것처럼 성경은 "… 아버지의 악행을 자손 삼사 대까지 보응하리라(혹은 전수된다)"고 하셨습니다(출 34:6-7).

상황 1: 아이들이 제 방으로 자러 간 후 남편이 아내의 허벅지에 팔을 두르며 말합니다. "여보, 당신 정말 멋있어요. 사랑해요."

상황 2: 저녁을 먹자마자 서류가방을 챙기는 남편에게 아내가 말합니다. "오늘밤도 꼭 야근하러 가야 되나요?"

상황 3: 세 아이와 온종일 씨름한 엄마가 맡은 일을 제대로 하지 않은 큰애한테 한바탕 퍼붓는 중입니다. 신문 너머로 보던 남편이 말합니다. "여보, 그렇게 퍼붓는 건 별 도움이 안 돼요."

각 상황의 화자에게 그렇게 말한 이유나 목표를 차례로 묻는다고 합시다. 상황 1의 낭만적인 남편은 "아내에게 사랑하고 있음을 알려주는 거요" 하고 말할지 모릅니다. 상황 2의 실망한 아내는 "단지 그이가 집에서 보내는 시간이 더 많았으면 하는 거지요" 할지 모릅니다. 상황 3의 자상한 남편은 이렇게 말할 것 같습니다. "가르쳐 주려는 겁니다. 아내 노릇, 엄마 노릇 잘하게 도와주는 것이 영적 지도자로서 내가 할 일 아닙니까."

부부 관계의 바른 동기를 구체적으로 알아보기 전에 먼저 기억할 것이 있습니다. 성령의 도우심 없이는 그것을 분명히 알 수도 없고 개인적 적용도 어렵다는 사실입니다. 인간의 마음은 미혹에 얽혀 있어 초자연적 도움 없이는 바른 목표를 찾아낼 수 없습니다.

타락 이후 인간의 의식은 자기 기만의 놀라운 도구가 되었습니다. 인간은 자신을 일부만 보는 것입니다. 자신이 선한 존재라는 기존

자아상을 계속 지켜 줄 목표만 봅니다. 그리고는 실제 매달리고 있는 추하고 이기적인 목표는 극구 부인하거나 위장합니다. 성경에도 나와 있듯 인간의 미혹된 심령을 밝히 드러내 내면의 이기적 동기를 파헤칠 수 있는 분은 오직 하나님의 진리를 알리시는 성령뿐입니다. 그러므로 우리는 성령님께서 계시하시는 사역에 늘 마음을 열어야 합니다. 그렇지 않으면 이 장의 주제를 몽땅 놓치고 맙니다. 수많은 부부 관계를 지배하는 숨은 파괴적 목표를 들춰낼 수 없습니다.

앞의 세 상황을 다시 생각해 봅시다. 상황 1의 남편의 말은 사실 "섹스를 원한다"는 확실한 메시지일 수 있습니다. 본인은 이 목표가 부부간에 성적 의무를 다하라 한 바울의 교훈(고전 7:1-5)에 따른 것이라 항변할지 모릅니다. 물론 사랑스런 아내에게 정당한 욕망을 표현한 것일 수 있습니다. 그러나 내면을 들여다보면, 자기가 원하는 반응을 얻고자 아내를 조작하는 것이 그의 목표입니다. 사랑받고 존중받기 원하는 아내의 필요에는 거의 관심도 없습니다.

한 남편이 여기에 대해 이렇게 말합니다. "하지만 아내가 사랑받지 못한다고 느낄 이유는 전혀 없습니다. 나는 아내를 사랑한단 말이오. 단지 아내가 더 사랑스러워지기 바랄 뿐이오. 그게 잘못입니까?"

분명 육체 관계는 잘못이 아닙니다. 섹스를 원하고 아내가 응해 주기 바라며 의향을 알리는 것은 잘못이 아닙니다. 그러나 일차적 동기가 자신의 욕구 충족을 위해 상대의 응낙을 얻어내려는 데 있다면 그것은 사랑의 위반이며 잘못된 것입니다. 아무리 정당한 욕구라도 마찬가지입니다. 사랑의 본질은 일차적 관심을 상대의 필요에 두는 것입니다. 부부간의 모든 나눔의 핵심 목표는 상대의 안전감과 중요감을 채우기 위해 서로 섬기는 데 있습니다. 아내의 특별한 반응을 원하는 바람은 정당한 것일 수 있습니다. 그러나 아내가 어떤 이유로든 그 바람을 채워 주지 못한다 하더라도 나를 실망시킨 아내에게 불평하거나 응낙을 강요하지 않으며 섬김의 목표를 저버리지 않아야 합니다. 이런 수용의 자세는 아내의 사랑의 필요를 깊이 인식하고 그 필요를 채우기 위해 최선의 노력을 다하려는 마음에서 비롯됩니다.

남편이 상대를 위한 섬김의 목표를 자신을 위한 조작의 목표로 바꾸는 것은 신부 된 교회를 향한 그리스도의 사랑을 심각하게 왜곡하는 죄입니다.

이제 상황 2로 넘어갑니다. "오늘밤도 꼭 야근하러 가야 되나요?" 이렇게 슬쩍 떠볼 때 아내의 진짜 목표는 무엇입니까? 겉으로 드러나는 목표는 물론 남편을 설득하여 집에 있게 하는 것입니다. 그러나 잘 보십시오. 그 목표를 추구하는 아내의 초점은 존경과 수용이라는 남편의 필요에 있지 않고 자신의 갈망이 채워졌으면 하는 바람에 있습니다.

물론 본인은 말을 돌릴 것입니다. "하지만 남편은 아이들과 집에 있는 경우가 거의 없어요. 아이들이 아빠를 얼마나 원하는지 아세요? 아빠가 관심 받고 싶어 하는 아이들과 시간을 보내야 한다는 사실에 동의하지 않나요? 그것이 그리스도인의 본분 아닐까요?"

물론 대답은 "그렇다"입니다. 그러나 이 아내의 말에는 핵심이 빠져 있습니다. 여기서 아내가 생각할 문제는 "남편이 할 일이 무엇인가?"가 아니라 "남편을 대하는 나의 일차적 목표가 무엇인가?"입니다. 그런데 남편을 집에 있게 하려는 이 아내의 목표는 갈망의 표현에서 끝나지 않습니다. 아내의 진짜 목표는 자기 뜻에 따르도록 남편을 조작하는 것입니다. 남편에게 기대한 반응이 옳은가 그른가는 여기서 중요하지 않습니다. 중요한 것은 아내의 동기입니다. 자기 생각을 설득하려는 아내의 태도 속에는 남편의 중요감의 필요를 채워 주려는 희생적 섬김의 개념이 전혀 보이지 않습니다. 아내의 동기는 잘못된 것이며, 그런 행동은 부부 관계를 점차 정신적 연합에서 멀어지게 합니다.

아이를 혼낸다고 아내를 꾸짖는 상황 3의 남편은 아내의 실수만 보았지 아내의 필요는 보지 못한 것 같습니다. 그의 목표는 실수를 교정하는 것이지 아내를 섬기는 것이 아닙니다. 아내의 호통을 듣는 순간 남편의 머릿속에 돌아간 녹음테이프는 이런 내용과는 거리가 멀 것입니다. "아내가 아이를 잘못 다루고 있는 것 같다. 하지만 판단하거나 비난하지 않도록 조심하자. 언제나 내가 가장 원하는 것은 아내에게 사랑을 느끼게 해 주는 것이다."

그러나 섬김에 대한 인식도 섬길 마음도 없기에 남편의 목표는 불만 표출이 되고 말았습니다. 아이들을 대하는 아내의 말투를 바꾸고 싶었던 것입니다. 목표가 타인을 변화시키는 데 있다면 그것은 잘못입니다. 좋은 변화라도 마찬가지입니다. 상대의 필요를 정확히 알고 그것을 바탕으로 사랑하려는 목표가 없는 한 우리는 섬기는 자가 아니라 조작하는 자입니다. 정신적 연합의 열쇠는 배우자의 깊은 필요를 채운다는 섬김의 목표를 정하고 그 목표가 시들지 않게 계속 지켜 가는 것입니다.

섬김의 원리

바울은 에베소서 4장 29절에서 "무릇 더러운 말은 너희 입 밖에도 내지 말고 오직 덕을 세우는 데 소용되는 대로 선한 말을 하여 듣는 자들에게 은혜를 끼치게 하라"고 가르칩니다.

'더러운(unwholesome)'이라고 번역된 단어는 썩어 부패하는 무가치한 것을 뜻합니다. 바울은 이 무가치한 말을, 분명한 목표로 인해 영원한 열매를 맺는 말과 대비하고 있습니다. 분명한 목표란 곧 다른 이들의 필요를 채우는 것입니다.

바울은 여기서 모든 그리스도인의 관계를 지배해야 할 관계의 핵심 원리를 보여 주고 있습니다. 물론 이 원리는 결혼하여 늘 함께 사는 부부에게도 적용됩니다. 상대를 섬긴다는 기본 목표에 어떤 식으로든 어긋나는 말은 입 밖에 내서는 안 됩니다. 상대의 유익을 일차적 관심으로 삼지 않고 어떻게든 상대를 변화시키려는 목표로 하는 말은 무가치한 것입니다. 지속적 목표에 도움이 안 된 채 썩고 맙니다.

배우자를 섬긴다는 목표에 어긋나는 말은 하나님의 뜻을 거스르는 것이요 정신적 연합에도 아무 유익이 없습니다. 낭만적 남편이 아내를 설득하여 섹스를 할 수 있고, 불행한 아내가 남편을 설득하여 집에 있게 할 수 있고, 훈계하는 남편이 아내를 설득하여 자기 보는 앞에서 아이들에게 언성을 높이지 못하게 할 수 있지만, 결과는 연합과는 거리가 멉니다. 상대가 변화될 수 있고 그 변화가 긍정적일 수 있지만 정작 중요한 친밀한 연합의 관계는 이루어지지 않습니다.

정신적 연합의 기초가 되는 섬김의 원리를 정리하면 다음과 같습니다.

   남편과 아내는 결혼을, 한 인격을 독특하고 특별한 방식으로 섬길 수 있는 기회, 즉 배우자가 그리스도 안에서 안전하고 중요한 존재로 자신의 가치를 더욱 온전히 느끼도록 내가 하나님의 도구로 사용되는 기회로 여겨야 합니다.

   원리의 핵심을 잘 이해해야 합니다. 안전감과 중요감을 채우시는 분은 그리스도입니다. 남편의 사랑은 아내가 그리스도 안에서 영원히 안전하다는 사실에 아무것도 더해 주지 않습니다. 남편이 사랑하지 못한다 해서 아내가 안전하다는 사실이 약화되지도 않습니다. 그러나 만질 수 있고 느낄 수 있는 몸으로 전달되는 사랑이 아내로 하여금 사랑받는다는 의미를 더 깊이 체험적으로 알게 할 수 있습니다. 남편이 더해 주는 것은 아내가 안전하다는 사실이 아니라 안전하다는 느낌입니다.

   마찬가지로 아내의 순종과 존경도 그리스도의 종으로서 남편의 중요감에 아무것도 더해 주지 않습니다. 주께서 이미 주신 중요감과 자신감을 더 풍성히 느끼고 알게 해 줄 뿐입니다. 이 원리는 비유컨대 타인이 내 밭에서 유전을 발견하는 것과 같습니다. 그 사람 때문에 부자가 되는 것은 아닙니다. 유전이 발견되기 전에도 나는 부자였습니다. 그러나 부를 실감한 것은 그 사람이 우리 밭에 유전이 있음을 알려준 뒤입니다. 남편이 아내를 안전하게 해 주지 못하며 아내가 남편을 중요한 존재로 만들지 못합니다. 그것은 그리스도를 구주와 주님으로 믿을 때 그분께서 해 주시는 일입니다. 그러나 부부는 서로의 가치를 더욱 분명히 느끼게 하고 그리스도 안의 풍요를 더욱 깊이 누리게 할 수 있습니다.

 정신적 연합을 이루어 가는 부부는 결혼 생활에서 섬김의 기쁨을 맛봅니다. 한 인격에게 그리스도 안에서 자신의 온전함을 충분히 깨닫도록 깊은 도움과 영향을 준다는 것은 놀라운 경험입니다. 하나님은 주권 가운데 지구상 수십 억 인구 중 나를 뽑아 그 누구에게도 맡기지 않은 섬김의 사역을 감당케 하십니다. 바로 남편의 독특한 사랑으로 아내를 사랑하는 섬김입니다. 남편과 아내의 책임을 당위와 의무로만 생각한다는 것은 얼마나 슬픈 일입니까!

> 정신적 연합을 이루어 가는 부부는 결혼 생활에서 섬김의 기쁨을 맛봅니다.

조작의 원리 – 조작이 정신적 연합을 파괴하는 경위

 섬김의 원리가 부부의 풍성한 연합의 필수 기초인 이유를 더 잘 이해하기 위해 반대로 조작의 원리가 어떻게 관계를 파괴하는지 예를 들어 보겠습니다.

 메리의 부모는 메리가 여덟 살 때 이혼했습니다. 아버지는 집을 떠난 후 딸을 거의 찾지 않았고 딸에게 사랑과 관심을 보인 일도 없습니다. 어머니는 끝내 이혼의 상처를 극복하지 못했습니다. 메리는 성장 과정의 대부분을 엄마와 함께 먹고사는 일에 바쳐야 했고, 동시에 인생 살맛을 느낄 정도의 즐거움도 찾아야 했습니다. 당연히 메리는 한 번도 사랑받는다고 느낀 적이 없습니다. 메리는 엄마가 얻지 못한 행복을 얻으려면 헌신적이고 강인하고 사랑 많은 남자와 결혼해야 한다는 신념이 생겼습니다. 그런데 이 사랑의 필요 뒤에는 집요한 두려움이 도사리고 있었습니다. "내가 원하는 사랑을 찾을 수 있을까?" 아래에 원이 하나 있습니다. 이 원은 가슴 깊이 두려움을 느끼는 메리라는 인격을 나타냅니다. 가운데 선은 안전감 없는 메리의 두려움을 나타냅니다.

메리(Mary)

밥의 아버지는 성공한 변호사였습니다. 아버지는 권력과 지위를 무엇보다 중시하여 평생을 거기에 바쳤습니다. 어린 밥이 보기에 아버지는 지위에 크게 만족하는 것 같았습니다. 그래서 밥의 마음에는 가치 있는 인간이 되려면 성공해야 한다는 신념이 싹텄습니다. 그러나 고등학교와 대학교를 거치면서 자신이 돈과 지위라는 성공의 목표를 이룰 수 없을지 모른다는 두려움이 생겼습니다. 이번에는 밥을 원으로 그려 봅니다. 역시 가운데 선은 목표를 못 이룰지 모른다는 두려움을 나타냅니다.

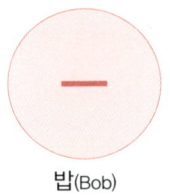

밥(Bob)

두 사람이 결혼한다 생각하고 둘의 심리 상태를 한번 들여다봅시다. 메리는 안전감이란 자기 아버지와는 다른 강하고 믿음직스런 남자와의 관계에서 온다고 믿습니다. 그래서 그런 남자를 찾아 거기서 안전감을 얻는 것이 목표가 됩니다. 밥은 중요감이 성공에서 온다고 믿습니다. 그러나 성공할 자신이 없습니다. 그래서 우선 자아상을 높인 뒤 사업에 뛰어드는 것이 목표입니다.

교제하는 동안 메리는 밥이 자기에게 관심 보이는 것이 기뻤습니다. 메리는 밥의 모든 말을 귀담아 듣고, 농담에 즐겁게 웃으며, 여러 장점을 칭찬하고 감탄을 표했습니다. 메리에게 밥은 강하고 자신감 있고 동기가 분명하며 사랑 많은 남자로 비쳤습니다.

밥도 메리와 있으면 기분 좋았고 그래서 자기가 사랑에 빠진 줄 알았습니다. 그러나 밥이 사랑이라 생각한 것은 실은 자신감을 세워 주는 여자에 대한 마음의 끌림에 지나지 않았습니다.

메리는 밥의 따뜻한 관심을 참 사랑으로 오해하여, 밥을 여태 자기가 그토록 꿈꾸면서도 혹시 얻지 못할까 두려워하던 안전감 충족의 수단으로 여기게 됩니다. 밥에게 친근감을 느낀 것은 그를 통해 얻을 것을 생각해서였지 자기가 밥의 인생에 긍정적 영향을 줄 수 있다는 기대에 근거한 것이 아닙니다.

두 사람 다 상대가 자신의 인격적 필요를 채워 주기만 바라고 있기 때문에 이 황소-쇠파리 관계는 결코 정신적 연합에 도달할 수 없습니다. 동기가 자기중심적이다 보니 섬김의 원리가 아닌 조작의 원리 위에 관계를 세우고 있는 것입니다. 조작적 동기가 어떻게 정신적 연합을 방해하는지 보십시오.

모든 신부들이 그렇듯 메리도 결혼 후 첫 몇 달 사이 이런저런 일로 남편에게 상처를 받습니다. 저녁을 잘 차려 놓아도 남편은 칭찬 한 마디 없습니다. 가사 거들기에 대한 남편의 부정적 태도는 자꾸 비참한 느낌을 주었습니다. 따뜻하게 기대고 싶은 바람은 잠자리를 함께할 때뿐이었고 그것도 밥이 요구할 때가 대부분이었습니다. 자동차 범퍼 긁힌 일로도 가슴 아픈 말을 던지곤 했습니다. 상처는 하나하나 메리의 인격의 원으로 파고들었고, 그러자 잠자고 있던 거부에 대한 두려움이 다시 고개를 들었습니다. "이 관계는 내게 고통만 가져다주는 게 아닐까? 사랑에 대한 희망이 이렇게 쉽게 허물어지다니, 이런 아픔과 실망을 나는 견디지 못할 거야."

밀려오는 두려움을 달래려 메리는 더 이상 상처받지 않게 보호막 뒤로 숨습니다. 갈수록 자신의 필요에만 집착하게 되었고 남편의 필요를 채우고 섬기려는 마음은 조금도 일지 않았습니다. 메리는 생각했습니다. "좀 더 날 사랑하게 만들거나 혹 거부당해도 상처받지 않을 만큼 충분히 거리만 두어도 고통이 한결 덜할 거야." 그리하여 자신의 필요를 채우거나 방어하는 쪽으로 관계를 조종하는 것이 메리의 목표가 됩니다. 조작의 원리에 노예가 된 셈입니다. 입에서는 이런 말들이 나옵니다. "한번이라도 섹스 때문이 아니라 다른 마음으로 나를 안아 줄 수는 없나요." "어쩌면 그렇게 내 마음을 몰라주나요." "날 대하는 태도가 결혼 전과 달라졌어요." 이런 '솔직한 감정 표현', 관계 유지를 위한 많은 비영적 시도에서 매우 중시하는 것이지만 실은 오용되고 있는 아주 파괴적인 부분의 밑바닥에는 더 이상의 상처를 피하려는 강한 목표가 숨어 있습니다.

이들의 결혼을 이렇게 그릴 수 있습니다.

조작적인 통제라는 보호막

메리　　　　　　　밥

이번에는 밥을 보겠습니다. 그의 결혼 목표도 조작적인 것이었습니다. 성공의 자신감을 얻고자 자아상을 높이고 싶었던 것입니다. 그러나 아내로부터 기대에 못 미친다는 말을 듣기 시작하면서 자신감이 약해지고 성공하지 못할지 모른다는 두려움이 커졌습니다. 상처받은 인간의 본능적 목표는 고통을 줄이는 것입니다. 밥도 아내에게 자신감 없고 두려운 모습을 보이지 않으려 자꾸 뒤로 물러났습니다. 자신을 보호하여 더 이상 상처받을 기회를 만들지 않는 것이 목표가 되었습니다. 갈수록 자신의 필요에만 매달리다 보니 메리의 필요는 보이지도 않았습니다. 그 역시 조작의 원리에 따라 움직이고 있었습니다.

악순환이 시작됐습니다. 밥이 움츠러들수록 메리는 거부의 두려움이 커집니다. 두려움이 커질수록 자신을 방어하려 더욱 밥을 조작합니다. 남편을 변화시키려 할수록 단점을 말하게 되어 자연히 밥은 더욱 자신감을 잃습니다. 아내에 대해 자신감을 잃을수록 더욱 움츠러듭니다. 외로운 두 사람이 진정한 만남을 가로막는 두꺼운 벽 뒤에 숨어 가망 없는 덫에 사로잡혀 있습니다. 그 사실을 깨닫기까지 악순환은 끊임없이 되풀이됩니다.

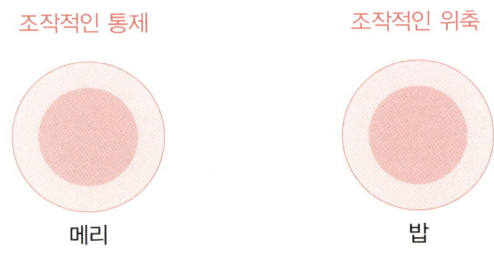

비극은 단지 친밀함을 원하는 남녀가 길을 잘못 든 정도가 아닙니다. 인간은 조작의 원리가 몸에 밴 이기적 존재인지라 이 벽은 이혼하거나 한 명이 죽을 때까지 꿈쩍하지 않습니다. 이 부부는 상대방을 두려움에서 벗어나게 하는 중요한 일에 자신이 하나님께 쓰임 받고 있다는 생각이 전혀 없습니다.

이 자업자득의 감옥에서 벗어나는 길은 하나뿐입니다. 근본적으로 다른 전제 위에 관계를 완전히 재건설하는 것입니다. 남편도 아내도 목표를 조작해서 섬김으로 바꾸어야 합니다. 이 변화에는 초자연적 개입이 필요합니다. 그렇지 않고는 불가능합니다.[3]

목표 바꾸기

사람의 마음을 바꾸는 일에는 반드시 하나님의 능력이 필요합니다. 그리스도 안에서 나의 필요가 이미 채워졌다는 사실을 인식하기 전까지는 채워지지 않은 공허함이 내 삶의 동기가 됩니다. 그리

---

3. 근본적으로 부부의 목표를 조작에서 섬김으로 바꾸는 데 관심이 없고 그 과정에 반드시 필요한 영적 자원을 제시하지 못하는 결혼 상담은 사실 자기 뜻을 관철시키는 조작에 대한 지침에 지나지 않습니다.

스도의 피가 자신의 죄 값으로 온전히 치러졌음을 단순히 믿고 받아들일 때 인간은 무한하신 하나님과의 관계 속에 들어갑니다. 그분의 사랑과 계획이 우리의 안전감과 중요감의 필요를 채워 줍니다. 비로소 인간은 자신의 필요로만 향하는 이기적 집착에서 자유로워집니다. 내 필요가 이미 채워졌기 때문입니다. 이제 공허함 때문에 남들로부터 관심을 받아야 하던 상태에서 벗어나 오히려 나의 충만을 남들에게 나눠 줄 수 있습니다. 난생처음 이기적이지 않은 모습으로 살아갈 수 있습니다.

하지만 기존의 잘못된 의의 기준이 우리 속에 버티고 있는데 어떻게 초자연적 목표 변화가 일어날 수 있습니까? 조작에서 섬김으로 옮겨 가려면 다음 세 가지 요소가 반드시 필요합니다.

제1요소: 섬기려는 결단과 계속 자원하는 마음
제2요소: 배우자의 필요에 대한 분명한 인식
제3요소: 하나님께서 나를 배우자의 필요를 채워 주는 도구로 택하셨다는 확신

제1요소: 섬김의 결단

섬김의 헌신은 저절로 생겨나지 않습니다. 바른 동기를 가지려면 말씀과 기도나 좋은 기독교 서적 이상의 것이 필요합니다. 지속적이고 철저한 변화에는 꾸준한 경건 생활도 필요하지만, 그보다 조작에서 섬김으로 가는 길에 가장 필요한 것은 의지적 선택, 더 정확히 말해 의지적 선택의 반복입니다. 이타적 동기는 "잘 되겠

지" 내지는 "하나님이 하실 거야" 따위의 수동적 태도에서 생겨나지 않습니다. 성령은 우리의 마음과 뜻을 움직여 회개하고 순종하게 하십니다. 먼저 우리는 나의 필요를 채우기 위한 조작이 죄라는 사실을 하나님 앞에 인정해야 합니다. 좋으신 하나님이 옳은 길로 인도하신다는 믿음으로 그 죄에서 돌이켜야 합니다(회개). 다음, 이제부터 섬김의 길을 걸어가기로 결단해야 합니다(순종).

모든 인간은 날마다 자신의 인격을 빚는 다양한 결정의 순간을 맞이합니다. 배우자와 대화할 때는 의식적으로 진지하게 생각해야 합니다. "지금 내 목표는 아내가 한 인격으로서 자신의 가치를 느끼도록 돕는 것이다. 그것을 위해 내가 할 수 있는 일은 무엇인가?" 내면에서는 자신을 방어하고 아내를 비난하며 다른 조작적 반응을 보이고 싶은 강한 욕망이 꿈틀댈지 모릅니다. 그런 내면의 격동 중에도 남편은 아내에게 사랑을 느끼게 해 줄 반응을 결정해야 합니다. 일단 결정하면 성령께서 수행할 능력을 주십니다. 그러나 결정은 내가 하는 것입니다.

타인에게 자신을 내주려 할 때 생기는 자연스런 반항 심리는 인간의 집요한 두려움에서 비롯됩니다. 섬기는 마음으로 나를 내주어도 별로 돌아오는 게 없고 내 필요도 채워지지 않고 남는 거라곤 실망뿐이며 최악의 경우 완전히 파멸할지 모른다는 두려움입니다.

그러나 하나님은 신실하십니다. 우리는 두려움을 내어 쫓는 그분의 완전한 사랑을 믿어야 합니다. 그분의 이름으로 배우자에게 나를 내줄 때 하나님이 그 임재로 놀랍게 복 주신다는 사실을 믿어야 합니다. 그분이 하십니다. 그러나 우리 속에 그분의 역사가 느겨질 때까지는 시간이 필요합니다. 어쩌면 몇 달이 걸릴지도 모릅니다. 무조건 주고 싶은 자발적 마음은 이기심을 버린다는 결심만으로 저절로 생겨나지 않습니다. 자기중심이라는 찌든 얼룩이 우리의 동기를 더 이상 지배하지 못하게 되기까지는 많은 씻김의 과정이 필요합니다. 섬김에 대한 꾸준한 헌신과 하나님과 보내는 많은 시간이 어우러져 비로소 우리는 준다는 것의 의미를 깨닫게 됩니다. 우리는 신실한 태도로 계속 순종하는 법을 배워야 하며 결코 낙망하거나 지쳐서는 안 됩니다. 하나님을 섬기려는 우리의 의식적, 지속적 동기를 그분이 늘 귀히 여기신다는 것을 믿어야 합니다. 배우자가 비난이 늘고 술이 심해지고 내 섬김의 노력을 거부해도 우리는 계속 순종해야 합니다. 하나님 앞에서 우리가 져야 할 책임은, 언젠가는 열매 맺게 하실 그분을 믿고 순종하는 것입니다.

제2요소: 배우자의 필요에 대한 인식

앞에서 얘기했던 목사 부부를 다시 생각해 봅시다. 이들의 관계는 가깝기는 했지만 아주 친밀하거나 서로의 필요를 채워주는 관계는 아니었습니다. 이들과 상담하며 주안점을 두었던 것은 우선 자신의 절박한 필요를 인식한 뒤 그 필요를 상대에게 알리는 것이었습니다.

확신컨대 대다수 남편과 아내가 배우자의 마음속에서 울려오는 간절한 갈망의 외침을 거의 인식하지 못합니다. "별 문제 아니오, 혼자 할 수 있소." "내가 괜찮아서 당신도 괜찮은 줄 알았어요." 이런 '피상적 동반'의 보호막 뒤로 숨는 부부가 너무 많습니다. "모든 것이 합력하여 선을 이룬다"는 상투적 말과 확신에 찬 듯한 웃음 뒤에는 상대에게 받아들여지고 싶은 깊은 갈망이 숨어 있습니다. 우리에게는 누군가 나를 있는 그대로(걱정하고 두렵고 불안하고 화나고 욕심 많은) 알아주고 받아 주기 원하는 간절한 바람이 있습니다.[4]

그러므로 섬김의 원리를 일관되게 좇는다는 것은 자신의 모습을 있는 그대로 배우자와 정직하게 나누는 것입니다. 상태가 나빠질 때마다 불평할 필요 없습니다. 오히려 내 필요가 그리스도 안에서 이미 채워졌다는 사실을 기억하며, 부부 관계에서 내가 느끼는 바를 솔직히 나누어야 합니다. 나눔의 목표는 사랑의 응답을 정당히 원하면서도 결코 요구하지 않으며 결국 자신의 연약함을 그대로 내보이는 것입니다.

그 목사는 왜 아내의 분주한 사역에 대한 느낌을 솔직히 표현하지 못했습니까? 아내의 묵살과 놀람과 비난이 두려웠던 것입니다. 솔직한 느낌을 나누지 않는 목표는 무엇입니까? 자신을 상처에서 보호하는 것입니다. 일차적 관심이 자신의 필요에 있습니다. 그는 아내에게 부담을 주기 싫고 중요한 청소년 사역을 방해하고 싶지 않다는 말로, 상처를 나누지 않으려는 자신의 태도를 정당화했습니다. 그러나 사실 내면 깊은 동기는 자기 방어적이고 조작적인 것이었습니다. 섬김의 원리를 바탕으로 한 결혼으로 옮겨 가려면 자신의 감정을 분명히 인정하고 그것을 아내에게 표현해야 합니다.

---

4. 우리 문화에는 자신의 비참한 내면을 밖으로 드러내는 일에 열광적으로 매달리는 이들이 있습니다. 우리는 두 가지 극단을 피해야 합니다. 두렵다고 자신을 숨겨서도 안 되지만 그렇다고 무분별하게 내보여도 안 됩니다.

사모도 자신의 두려움을 인식하지 못했습니다. 오랫동안 관계에 대한 참된 갈망을 부인하며 훌륭한 사역에서 대리 만족을 구해 왔기 때문에 이제 와서 자신의 참된 필요를 인정하기란 매우 어려운 일이었습니다. 지속적 상담과 직접적 규명을 통해 그녀는 오랫동안 숨겨온 상처와 감쪽같이 가려진 앙금을 서서히 내보이기 시작했습니다. 이 감정을 남편에게 표현할 수 있기까지는 몇 차례 상담이 더 필요했습니다.

> 내 필요가 그리스도 안에서 이미 채워졌다는 사실을 기억하며, 부부 관계에서 내가 느끼는 바를 솔직히 나누어야 합니다.

배우자에게 나의 섬김이 필요하다는 사실을 인식하기 전까지는 배우자를 섬긴다는 말이 의미가 없습니다. 한 남편이 이 사실을 아주 잘 말했습니다. "아내는 너무 강하고 혼자서도 무슨 일이든 척척 잘해서 아내에게 사랑을 준다는 것은 록펠러한테 동전 하나 주는 것과 같습니다. 굳이 나한테서 받을 것이 없습니다." 많은 남편과 아내가 자신의 섬김이 상대에게 큰 의미가 있다는 사실을 전혀 모릅니다. 이들은 먼저 상대의 절박한 필요를 깨달아야 합니다. 비판 없는 수용의 분위기를 만들어 배우자로 하여금 어렵지만 자신의 필요를 내보이게 할 수 있습니다. 혹 내보이지 않더라도 분명히 알아야 합니다. 그도 하나님의 형상대로 지음 받은 존재이기에 아무리 감춰져 있을지라도 인격적 필요가 반드시 존재한다는 사실을 말입니다. 그 필요를 어떻게 채워 줄 수 있을지 우리는 하나님께 지혜를 구해야 합니다.

제3요소: 하나님께서 배우자를 섬기도록 나를 택하셨다는 확신

많은 사람이 패배감과 무력감에 사로잡혀 자신에게 섬김을 통해 결혼 생활의 열매를 맺을 수 있는 자원이 주어졌다는 사실을 좀처럼 믿지 못합니다. 관계란 복잡한 것입니다. 사람도 복잡한 것입니다. 스스로 바보 같은 기분에, 또는 정확히 어찌할 바를 몰라, 이런 말이 절로 나올 때도 있습니다. "내가 무슨 일을 하든지 아내에게는 아무 의미 없는 것 같다." "남편은 통 이해가 안 간다. 그럴 때는 어떻게 해야 할지 정말 모르겠다. 아무것도 안 통한다."

효과적인 대화의 원리에 관한 책이 많이 있고, 나도 더러 읽어 보았습니다. 그러나 아직도 그 원리에 나오지 않은 상황에 부딪히면 어찌할 바 몰라 난감할 때가 많습니다. 나의 혼돈과 무능에도 불구하고 내게 배우자의 깊은 필요를 채우는 섬김의 직분을 맡긴 전능하신 하나님은 조금도 실수가 없으십니다. 그리스도인은 이 사실을 믿어야 합니다. 결혼 환경이 어떻든 하나님은 각 남편과 아내를, 특별한 방식으로 상대를 섬길 수 있는 독특한 기회로 보십니다.

그 목사 부부는 상대의 필요를 알고 깜짝 놀랐습니다. 그러나 서로 그 필요를 위한 섬김의 직분에 자신이 적합하다고 생각하지 않았습니다. 이들은 자신의 노력이 실패로 돌아갈 것과 그리하여 관계 심화에 필요한 자원이 자기에게 턱없이 부족하다는 사실이 탄로 날 것이 두려웠습니다. 그러나 효과적 섬김의 조건은 우리의 연약함을 초월하시는 하나님을 온전히 믿는 것입니다. 연약함을 인정함으로 우리는 열매 맺으실 그리스도를 믿으며 그분 안에 거할 수 있습니다(요 15:1-8).

지금까지 말한 세 가지 요소를 통해 우리는 조작에서 섬김으로 옮겨 갈 수 있습니다. 그 전에 기억할 사실은, 매 순간 섬김의 목표를 의식적으로 선택하지 않는 한 우리는 본질상 자신의 유익을 위해 배우자를 조작하는 목표로 되돌아가게 돼 있다는 점입니다. 예를 들어 보겠습니다.

프레드는 직장에서 긴 하루를 마치고 퇴근합니다. 무의식중에 저절로 생겨나는 목표는 아내 조안이 저녁을 차려 놓고 상냥한 인사와 따뜻한 포옹으로 자신을 맞이하는 것입니다. 한 마디로, 아내의 사랑에 찬 응대입니다. 그런데 아내가 이런 말로 그를 맞는다고 합시다. "왜 이렇게 늦었어요? 여섯 시에 온다고 하고선. 벌써 일곱 시가 다 됐잖아요."

조안은 프레드의 목표를 무너뜨렸습니다. 잠깐 생각해 보십시오. 목표가 좌절될 때 사람은 어떤 느낌이 듭니까? 대부분 화나거나 좌절감이 듭니다. 이제 프레드는 이렇게 비꼬는 말로 맞서고 싶은 심정입니다. "흠, 아주 멋진 환대에 감사라도 드려야겠군. 집에 돌아온다는 건 역시 좋은 일이라니까."

어떻게 해야 합니까? 넷 중 하나일 것입니다. (1) 분노를 표현합니다. (2) 늦은 귀가를 변명합니다. (3) 조안의 말을 간단히 묵살하고 씻고 저녁을 먹습니다. (4) 따뜻한 포옹으로 아내를 달랩니다. 이 장의 주제를 기억하십시오. 정신적 연합은 구체적 행동에 달려 있는 것이 아니라 그 행동의 동기에 달려 있습니다. 프레드가 물어야 할 질문은 "어떻게 할 것인가?"가 아니라 "나의 목표는 무엇인가?"입니다.

프레드의 분노는 애초에 목표가 조작적이었다는 사실에 대한 강한 경고가 있어야 합니다. 아내에게 자신의 필요를 채워 줄 반응을 요구했던 것입니다. 만일 프레드가 (1) 섬김의 원리에 헌신되어 있고 (2) 아내를 사랑이 필요한 존재로 인식하며 (3) 자기가 아내에게 그리스도의 사랑을 피부로 느끼게 해 줄 하나님의 도구라는 확신이 있다면, 그는 목표를 바꿀 수 있습니다. 그 실제적 과정에는 "내가 퇴근할 때 아내는 왜 기분 좋게 맞이하지 못할까?"라는 생각을 "지금 내 목표는 아내가 사랑받는 특별한 여자임을 느끼게 해 주는 것이다"라는 생각으로 바꾸는 작업이 포함됩니다.

다시 우리 마음이 녹음테이프라고 생각해 봅시다. 자동으로 나오는 소리는 배우자를 변화시키려는 조작적 목표일 것입니다. "아내는 왜 나를 따뜻하게 맞이하지 못할까?" 이 목표를 바꾸려면 의지적으로 잘못된 테이프를 꺼내고 새 테이프를 끼워야 합니다. 새 목표가 담긴 테이프에서 나오는 말은 이런 것입니다. "아내에게 사랑을 느끼게 해 주고 싶다."

테이프를 갈아 끼우는 일은 단순한 기계적 절차 이상의 것입니다. 받으려는 생각을 주려는 생각으로 바꿀 때 기억해야 할 것이 있습니다. 우리가 자원하여 섬김을 택하는 것은 하나님을 믿기 때문이라는 사실입니다. 감정은 (예컨대 분노가 동정으로) 당장 바뀌지 않지만 일단 섬김을 목표로 택하면 배우자에게 비판 없는 수용의 마음을 전할 수 있습니다.

핵심은 이것입니다. "이 순간 섬김의 목표를 택할 것인가?" 그것을 택하는 만큼 우리의 결혼은 정신적 연합으로 나아갈 것입니다.

결론

영적 연합을 이루려면 부부 각자가 그리스도께서 자신의 깊은 인격적 필요를 온전히 채우시는 분임을 믿어야 하며, 결혼을 그리스도 안에서 삶을 나누는 독특한 경험으로 보아야 합니다.

정신적 연합이란 서로 채워 주는 관계이며, 이 관계는 부부 각자가 결혼을 그러한 채움의 기회로 인식하는 데서 시작됩니다. 정신적 연합을 이루는 길은 배우자가 하나님의 형상을 지닌 존재이자 그리스도 안에서 참으로 안전하고 중요한 성도로서 자신의 근본적 가치를 더욱 깊이 느끼도록 돕는 데 있습니다.

부부의 정신적 연합은 주관적으로 느끼는 아주 친밀한 관계인 까닭에 성관계를 통해 온전히 표현될 수 있습니다. 이런 연합은 부부 각자가 상대의 섬김을 요구하지 않고 오히려 상대를 섬기려는 무조건적 헌신의 다짐을 통해서만 이루어질 수 있습니다.

자신이 사랑받는다는 느낌을 높이거나 더 이상의 상처에서 자신을 보호하려는 조작적 노력이 바탕이 된 관계에서는 하나님이 주시는 연합을 결코 이룰 수 없습니다. 조작의 원리에서 섬김의 원리로 과감히 옮기는 것이야말로 정신적 연합에 이르는 유일한 길입니다.

4장

정신적 연합 2
화풀이보다는 대화를 하라

결혼 문제에 대한 조사 결과마다 '가장 흔한 문제'로 대부분 대화를 꼽습니다. 많은 부부가 다음과 같이 말합니다.

"우린 싸우지 않고는 중요한 문제를 얘기할 수 없어요."
"아내에게 기분을 말하려 할 때마다 아내는 무관심하거나 심지어 비난까지한다."
"그이는 우리 자신에 관한 대화는 슬쩍 피해요. 휴가는 어디로 가고, 애들은 어느 학교에 보내고, 차는 어느 종류로 살 건지 다 얘기하면서 우리 관계에 대한 얘기는 싫어해요."
"아내는 너무 예민합니다. 늘 울거나 소리 지르거나 투덜댑니다."

나는 그냥 피해 버려요. 그게 상책입니다."

"우리는 둘 다 부부 관계에 대한 대화는 해요. 하지만 한 번도 더 가까워진 느낌이 든 적은 없어요. 서로 방어하거나 화내거나 해서 언제나 처음보다 더 멀어진 상태로 대화가 끝나지요. 뭔가 잘못된 거예요."

대화하려는 노력이 문제를 해결하기는커녕 오히려 더 키울 때가 많습니다. 이 장의 목표는 부부의 정신적 연합에 큰 영향을 미치는 효과적인 대화의 원리를 살펴보는 것입니다.

앞에서 성경적 결혼 관계의 필수 기초는 섬김의 목표에 대한 무조건적 헌신이라고 이야기했습니다. 부부는 상대의 반응과 무관하게 기꺼이 그 필요를 채워 주어야 합니다. 누구도 그 헌신을 완전히 지키지는 못하겠지만 그럼에도 불구하고 남편이나 아내로서 최대 목표는 상대의 영적, 인격적 유익을 위한 도구가 되는 것임을 늘 기억할 책임이 있습니다. 우리에게는 조작적 목표를 좇으려는 고집스런 성향과 또 그것을 마치 고상한 목표인 양 위장하는 뛰어난 능력이 있기 때문에, 혹시라도 섬김에서 조작으로 돌아가려 할 때마다 그것을 깨우쳐 주시는 성령께 늘 마음을 열어야 합니다.

섬김의 헌신은 해도 좋고 안 해도 좋은 선택 사항이 아닙니다. 결혼이란 결코 '함부로' 생각할 일이 아닙니다. 하나님은 우리에게 피차 복종하라고 분명히 말씀하십니다(엡 5:21). 남편은 아내를 사랑함으로 아내의 필요에 복종하고 아내는 남편을 존경함으로 남편의 필요에 복종하라는 말씀입니다. 수많은 복음주의자가 이 말씀을 읽고 자신의 책임을 인정하지만 실제 결혼 생활에서는 소홀히 취급합니다.

대화 문제의 뿌리를 추적해 올라가 보면 대개 섬기려는 헌신이 없는 것을 봅니다. 간단히 말해 목표가 잘못된 것입니다. 단순한 진단 같지만 그렇다고 무리한 단순 논리는 아닙니다. 심리학자들은 흔히 분명한 진리를 두고 주변의 복잡한 것만 찾다 끝내 진리의 단순성을 잃고 맙니다. 예컨대 대화법 세미나는 흔히 공격/방어 없이 말하는 법을 다루지만 이기적 동기라는 핵심 문제는 거의 지적하지 않습니다. 말하고 듣는 기술도 배워야 합니다. 그러나 때로 그런 기술을 가르치는 노력으로 이기적 삶을 멈추고 하나님의 뜻을 구하며 살도록 가르치는 것이 더 바람직하다고 봅니다. 설사 세상의 대화 전문가들이 인간의 조작 본성을 인식한다 해도 복음의 능력 없이는 누구도 진정한 섬김으로 옮겨 갈 수 없습니다.

대화 문제에 대한 성경의 가르침은 지나친 단순 논리도 아니고 시대에 뒤떨어진 낡은 이론도 아닙니다. 성령의 영감을 받은 야고보는 예리한 통찰력으로 이 문제를 이렇게 진단합니다.

> "너희 중에 싸움이 어디로부터 다툼이 어디로부터 나느냐 너희 지체 중에서 싸우는 정욕으로부터 나는 것이 아니냐 너희는 욕심을 내어도 얻지 못하여 살인하며 시기하여도 능히 취하지 못하므로 다투고 싸우는도다 너희가 얻지 못함은 구하지 아니하기 때문이요 구하여도 받지 못함은 정욕으로 쓰려고 잘못 구하기 때문이라"(약 4:1-3).

성경은 인간이 자기중심적 목표를 추구할 때마다 필연적으로 대화 문제가 뒤따름을 명백히 보여 줍니다. 인간은 대부분 자신이 안전하고 중요한 존재가 되려면 자신을 특별하게 대해 줄 배우자가 필요하다, 있으면 좋겠다가 아니라 꼭 필요하다는 어리석지만 그럴듯한 신념 속에서 결혼합니다. 우리는 그리스도의 충족성을 분명히 깨달아 배우자를 대하는 목표를 조작에서 섬김으로 바꾸어야 합니다.

바른 결혼 모델을 이해하기란 비교적 쉽습니다. 그러나 그대로 실천하는 것은 다른 문제입니다. 배우자가 나를 특정 방식으로 대해야 한다는 신념보다 더 집요한 것은 없습니다. 배우자가 달라져야 한다는 자신의 요구를 정당화하려 우리는 종종 성경 구절을 갖다 댑니다. 물론 하나님이 배우자를 변화시키실 줄 믿는 것은 잘못이 아닙니다. 그러나 배우자에게 요구하는 것은 결코 내 소관이 아니며 나의 헌신이 상대의 태도나 행동에 좌우되지 않음을 인정하기란 매우 어려운 일입니다. 그리스도가 나의 만족이요 따라서 이제 나는 거부당하는 아픔이 따를지라도 배우자에게 자신을 내줄 수 있다는 사실을 믿는 데는 산을 옮기는 믿음이 필요합니다.

성경은 믿음이 자라는 것임을 보여 줍니다. 배우자가 나를 실망시켜도 섬김의 목표를 고수하려면 아주 성숙한 믿음이 필요합니다. 사랑을 일관된 목표로 삼을 만큼 아직 영적으로 성숙하지 못한 그리스도인이 많습니다. 내 노력에 아내가 전혀 반응을 안 보이면 아직도 나는 기분이 상합니다. 그리고 그렇게 기분 상할 때, 혹은 상처받거나 낙심될 때에도 여전히 섬김의 목표를 붙들기란 쉽지 않습니다. 기분 상한다는 말은 내 목표가 조작적이라는 말입니다.

즉 아내가 알아주기 원한 것입니다. 섬김의 목표를 일관되게 추구하려면 대부분 더 많은 성화(聖化)의 작업이 필요합니다.

그러나 지금 당장 어떻게 해야 합니까? 우리는 좌절과 상처와 두려움을 안고 있는 불완전한 그리스도인입니다. 부정적 감정을 모두 버리고 신속 철저하게 잘못된 목표를 바로잡을 만한 능력도 없습니다. 배우자에게 기분을 털어놓으면 과연 정신적 연합이 깊어질지 아니면 상처만 남을지 분간이 안 됩니다. 그렇다고 기분을 말하지 않으면 감춰 둔 감정 때문에 사이가 더 멀어져 결국 연합이 요원해지지 않을지 갈피를 잡기 힘듭니다.

효과적인 대화를 막는 가장 큰 장애물은 상대를 향한 부정적 감정입니다. 이는 어느 부부나 느끼는 것입니다. 결혼 세미나를 인도하다 보면 가장 많이 나오는 질문은 늘 이런 것입니다. "감정을 어떻게 해야 합니까?" "배우자에게 기분을 몽땅 다 말해야 합니까?" "완전한 개방이 진짜 건강하고 성경적인 것입니까?"

정신적 연합을 이루는 대화를 배우려면 다음 두 가지 요소가 반드시 필요합니다.

1. 섬김의 목표에 대한 헌신.
2. 부정적 감정의 처리법(섬김의 목표를 깨뜨리거나 서로의 간격을 더 멀어지게 하지 않는 것이어야 함).

첫 번째 요소는 3장에서 다루었습니다. 이 장에서는 두 번째 요소를 생각하려 합니다.

감정을 어떻게 할 것인가?

나는 지금껏 상대를 '섬기는' 것을 강조했습니다. 그로 미루어 혹시 내가 부정적 감정의 표현을 섬김의 목표에 위배되는 잘못된 일로 간주할 거라고 생각할 수 있습니다. 부정적 감정의 표현은 무조건 죄라고 생각하는 그리스도인이 많습니다. "절대 화내면 안 된다." "좋은 말이 아니면 아예 입 다물어." 감정의 부정(否定)이라는 족쇄에 묶여 있는 우리의 모습을 잘 보여 주는 말입니다. 부부들도 속마음은 화가 나고 속상해도 겉으로는 아닌 것처럼 행동합니다. 그리스도인의 관계란 언제나 너그러운 미소와 따뜻한 사랑으로 이루어져야 한다는 신념의 가면은 지금도 우리 얼굴에 달라붙어 좀처럼 벗겨질 줄 모릅니다. 사실 이 가면은 상처와 분노를 숨긴 채 굳게 닫혀 있는 판도라의 상자(여러 재앙의 근원)와 같습니다.

악을 버리고 서로 인자하게 대하라는 성경의 가르침에 전혀 관심 없는 일부 세속학자는 감정이란 좋지도 않고 나쁘지도 않고 그저 존재하는 것이라는 주장으로 억압 이론을 반박합니다. 이들은 감정 표현 여부를 도덕이 아니라 실용성을 따져 결정합니다. "지금 감정을 표출하면 기분이 나아질까?" "나는 기분을 털어놓아 자신을 주장할 권리가 있어. 원하면 언제고 그렇게 할 거야."[1]

---

1. *Responsible Assertive Behavior*는 "…인간이란 자신이 '원하는' 것을 가질 권리가 있으며 타인들이 자신의 그 권리를 존중할 거라고 가정할 권리가 있다"(p. 64)는 이론을 바탕으로 독자들에게 자신이 원하는 것을 표현할 것을 조장합니다. 그러나 저자들은 "인간 권리의 기원 문제는 풀리지 않은 채 남아 있다. 인간의 권리는 양도할 수 없는 것인가? 인간의 권리는 단지 인간이라는 이유로 선천적으로 타고나는 것인가? … 이런 근본 문제가 아직 규명되지 않고 있다"(p. 64)고 인정합니다. 자신들의 책의 주제에 아무런 기초가 없다는 것을 결정적으로 인정한 셈입니다. A. J. Lange and P. Jakubowski, *Responsible*

여기 두 가지 가능성이 있습니다. 첫째, 감정을 속에 묻어 두는 것입니다. 두려움 때문에 감정에서 뒷걸음질 칩니다. 둘째, 그대로 쏟아 놓는 것입니다. "나는 나 자신이 될 권리가 있다"는 생각으로 자신의 흉중을 털어 내야 한다는 생각입니다. 성경에 비추어 보면 두가지 방법 중 어느 것도 대화를 통해 연합에 이르는 하나님의 계획과 거리가 멉니다.

2장에서 보았던 진리의 평균대를 다시 떠올려 봅시다. 어떤 주제에 대한 성경의 입장은 마치 좁고 미끄러워 어느 한 쪽으로 떨어지기 쉬운 평균대 같은 경우가 많습니다. 아래 그림은 감정 처리의 두 가지 잘못된 방법을 보여 줍니다.

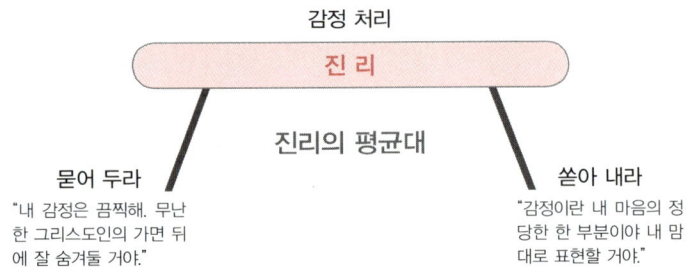

감정을 속에 묻어 두어도 안 되고 그렇다고 무분별하게 표출해서도 안 된다면 정확히 어떻게 해야 합니까?

- 남편이 내 친구들 보는 데서 나를 무안하게 할 때 그 분노를 어떻게 해야 합니까?

Assertive Behavior(Champaign, Ill.: Research Press, 1976)

- 아내가 내 의견에 선심 쓰는 척할 때 그 짜증을 어떻게 해야 합니까?
- 남편이 기분 나쁘다고 아이들을 거칠게 다룰 때 그 두려움과 분함을 어떻게 해야 합니까?
- 아내가 딴 남자한테 끌린다고 말할 때 그 질투와 상처를 어떻게 해야 합니까?

이런 상황을 위 두 가지 잘못된 방법으로 처리하는 예를 구체적으로 생각해 봅시다.

묻어 두라: 하나님은 날 사랑하신다. 배우자가 반드시 변화될 필요는 없다. 그냥 너그럽게 웃는다. "상대가 자신을 특별한 존재로 느끼게 하려면?" 그 답이 되는 행동으로 배우자를 섬긴다.

쏟아 내라: 하나님은 날 사랑하신다. 나는 감정 표현의 권리가 있는 소중한 사람이다. 내 감정을 배우자에게 그대로 말한다. 그리스도 안에서 내 온전함을 충분히 주장한다.

첫 번째 방법은 기껏해야 불안한 영적 사기 행각에 지나지 않습니다. 너무도 많은 선의의 그리스도인이 분노를 감추려 이를 악물고 적당히 얼버무립니다. 억압된 적대감은 나중에 한꺼번에 터지거나 심한 경우 대장염을 유발하기도 합니다.

두 번째 방법은 대장염이나 억압된 분노 폭발의 문제는 없을지 모릅니다. 그러나 자신의 권리를 주장하기 위해 부정적 감정을 표현하는 것은 배우자를 세우는 일도 아니고 경건한 겸손의 태도와도 거리가 멉니다.

성경적 견해를 가지려면 하나님이 감정을 어떻게 보시는지 이해할 필요가 있습니다. 하나님이 감정 표현을 어떻게 보시는지, 에스겔 24장에 좋은 단서가 있습니다. 하나님은 에스겔에게 사랑하는 아내의 생명을 취하겠다고 말씀하십니다.

> "인자야 내가 네 눈에 기뻐하는 것을 한 번 쳐서 빼앗으리니 너는 슬퍼하거나 울거나 눈물을 흘리거나 하지 말며 죽은 자들을 위하여 슬퍼하지 말고 조용히 탄식하며…"(16-17절).

사랑하는 아내의 죽음은 누구에게나 슬프고 비통한 사건입니다. 그러나 하나님이 에스겔에게 명하신 감정 처리법을 잘 보십시오. 17절에서 하나님은 조용히 탄식하라고 하십니다. 이 말씀에는 두 가지 진리가 담겨 있습니다.

첫째, 하나님은 에스겔의 감정을 인정하십니다. 그분은 감정을 느끼지 말라고 말씀하시지 않습니다. 분명 인간에게는 감정을 즉각 바꿀 능력이 없습니다. 감정 반응에는 두 가지 선택이 있습니다. 감정을 인정할 수도 있고 부정할 수도 있습니다. 그리고 감정을 표현할 수도 있고 표현하지 않을 수도 있습니다. 조용히 탄식하라는 말씀은 감정을 인정하고 고통의 무게를 맛보라는 것입니다.

에스겔의 감정이 죄가 아니라는 사실에 주목하십시오. 감정 중에는 상황에 대한 불의한 접근, 즉 죄라 불러야 할 것이 있습니다.

다른 책에서 나는 동정심을 막는 부정적 감정은 죄로 보아도 무방하며 동정심과 상충되지 않는 부정적 감정은 죄가 아니라고 한 바 있습니다.[2]

질투, 탐심, 정욕과 같은 죄인 감정이든 슬픔, 비탄, 후회 등의 죄가 아닌 감정이든 주님 앞에 온전히 인정할 필요가 있습니다. 그러나 두 부류의 감정을 인정하는 태도는 달라야 합니다. 죄가 아닌 괴로운 감정을 경험할 때는 주님 앞에 온전히 인정하며 그분의 위로와 채우심을 겸손히 의지해야 합니다. 반면 죄인 감정을 경험할 때는 주님의 용서와 내 안에서 시작하신 일을 끝까지 이루신다는 약속을 믿으며 뉘우침과 회개의 태도로 나아가야 합니다. 다시 말해 불의한 감정도 하나님께 겸손히 자백하는 마음으로 온전히 경험해야 합니다. "주님, 화낸 것을 용서해 주세요." 이런 피상적 기도가 아닙니다. 그보다는 마음을 솔직히 털어놓는 것이 좋습니다. "하나님, 저는 지금 화납니다. 너무 화나 폭발할 것 같아요. 잘못인 줄 압니다. 아버지의 길을 따르기 원하며 아버지의 긍휼로 채워지기 원합니다. 하지만 지금은 괴롭습니다. 용서해 주세요. 아버지의 뜻에 맡깁니다."

둘째, 하나님은 에스겔에게 사적인 슬픔을 공적으로 표현하지 못하게 하십니다. 에스겔은 속으로는 감정을 인정할 수 있었습니다('탄식'). 그러나 겉으로는 표현할 수 없었습니다('조용히'). 감정에 관한 두 가지 선택을 기억합니까? 우리는 감정을 인정할 수도

---

[2]. 『성경적 상담학(*Effective Biblical Counseling*)』(Grand Rapids: Zondervan, 1977). 총신대학 출판부 역간.

있고 무시할 수도 있으며, 표현할 수도 있고 표현하지 않을 수도 있습니다. 에스겔은 인정할 수는 있으나 표현할 수는 없었습니다.

감정 처리의 필요성을 강조하는 심리학자는 이런 개념이 잘못된 것이라며 즉각 반박할 것입니다. 우리는 감정, 특히 죄책감이나 비탄 같이 무거운 것은 카타르시스를 위해 꼭 표출돼야 하며 그렇지 않을 경우 심리적 손상이 불가피하다는 말을 자주 듣습니다. 한편, 부정적 감정을 느낄 때마다 한사코 부인하는 쪽도 하나님의 가르침에 어긋나기는 마찬가지입니다. 이들은 감정 처리에 시간을 소비한다는 것은 쓸데없는 일이요 잘못된 일이라고 생각합니다. 그러나 하나님은 분명히 "네 감정을 인정하고 경험하되 밖으로는 드러내지 말라"고 말씀하십니다.

에스겔 24장을 더 읽다 보면 하나님이 그렇게 말씀하신 이유가 분명히 나옵니다. 죽은 자를 인해 슬퍼하지 말라는 말씀에는 언약을 파기한 백성에게 강력한 메시지를 선포하려는 하나님의 속뜻이 담겨 있습니다. 죄로 인해 임박한 심판이 너무 무섭기 때문에 거기에 비하면 아내의 죽음 정도는 울 일도 못 된다는 것입니다. 하나님은 에스겔에게 속으로는 감정을 인정하되 표현은 하나님의 뜻의 전체적 틀에 비추어 통제하라 하신 것입니다. "조용히 탄식하라"는 이 말씀에 보편적으로 유익한 대화 원리가 들어 있다고 생각합니다.

즉 감정을 느낄 때 우리는 첫째, 자신과 하나님 앞에 감정을 그대로 인정하고 본래의 무게만큼 속으로 온전히 경험해야 합니다.

둘째, 하나님의 뜻과 계획을 위해 우리를 사용하신다는 그분의 목표에 비추어 표현 여부를 결정해야 합니다.

요컨대 감정을 인정하는 것은 언제나 옳지만 감정의 표현은 하나님의 뜻 성취에 어긋나지 않을 때에만 옳습니다. 속마음이란 제멋대로 털어놓을 것이 아닙니다. 우선 하나님의 칭의(稱義)의 은혜가 감정과 무관하게 나를 온전히 받아 주신다는 사실을 믿으며 감정을 자신과 하나님 앞에 그대로 인정해야 합니다. 감정을 억압해서는 안 됩니다. 다음, 하나님 아닌 타인에게 그 감정을 표현하는 것이 과연 그분의 뜻을 이루는 데 도움이 되는 일인지 판단하여 표현 여부를 결정해야 합니다.

이제 진리의 평균대에서 성경적으로 감정을 처리하는 법은 다음과 같습니다.

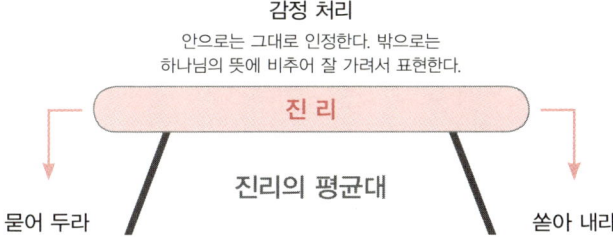

예컨대 화나거나 상처받으면 우선 그대로 인정한 뒤 표현 여부와 방식을 철저히 통제하기로 즉각 결단해야 합니다. 감정 표현에서 자연스러움과 통제는 모순 개념이 아닙니다. 자연스러운 반응에 얼마든지 통제를 접목할 수 있습니다.

"일단 인정한 뒤 잘 가려서 표현한다"는 원리가 섰으면 남은 일은 언제 표현하는 것이 부부의 섬김이라는 하나님의 뜻을 이루는 데 도움이 될지 알아내는 일입니다. 이 어려운 질문에 정확히 답하려면 우선 목표와 갈망의 차이를 분명히 알아야 합니다.

목표 대 갈망

지금까지 대화의 가장 중요한 목표는 섬김임을 누차 강조했습니다. 그러나 목표만 바로 정하면 바른 대화에 이를 수 있다는 것은 현실성 없는 말입니다. 배우자를 섬긴다는 목표에 대한 헌신이 얼마나 간절하든 내 속에는 섬김 받기 원하는 꺼지지 않는 갈망이 있습니다.

낙심될 때 아내의 격려야말로 남편에게 더없이 큰 격려가 됩니다. 최근 친구 목사한테서, 저녁때 사랑하는 아내가 있는 집으로 돌아가는 것이 얼마나 즐거운 일인지 모른다는 말을 들었습니다. 그는 아내의 애정에 대해 깊이 갈망하고 있었던 것입니다. 한편, 아내들에게는 남편의 민감하고 너그러운 애정 표현을 가슴 깊이 갈망한다는 말을 자주 듣습니다. 섬김의 헌신과 주님의 채우심을 믿는 믿음이 얼마나 깊든 우리는 모두 배우자의 특별한 반응을 갈망합니다. 이 갈망을 어떻게 해야 합니까? 섬김의 헌신 밑에 묻어 두어야 합니까? 그리스도가 나의 만족이기에 배우자의 반응은 대수롭지 않게 여겨야 합니까?

하나님은 부부가 서로 영향을 주고받으며 친밀한 관계로 살아가게 하셨습니다. 따라서 우리는 배우자의 태도와 행동에 예민하게 반응하게 돼 있습니다. 배우자로부터 희생적 사랑과 온전한 수용을 받는 것은 매우 중요합니다. 우리는 상대의 사랑을 갈망하기 때문에 상대가 거부하면 상처받고 받아 주면 기분이 좋아집니다. 이 갈망은 자연스러운 현상이며 좋은 것입니다. 그것은 우리가 동물이 아니라 하나님의 형상대로 지음 받은 인격이며 서로 영향을 줄 수 있는 존재라는 뜻입니다. 상대의 사랑에 대한 갈망이 없다면 상대의 수용도 기쁘게 받을 수 없습니다. 그러나 한 가지 중요한 사실은 갈망이 목표가 되어서는 안 된다는 것입니다.

원을 하나 그려 봅시다. 이 원은 우리의 안전감과 중요감의 필요를 나타냅니다. 원 밖에 원을 하나 더 그려 봅시다. 이 원은 관계 속에서 안전감과 중요감을 느끼고 싶은 정당한 갈망을 나타냅니다.

이 책의 중심 주제는 그리스도가 우리의 필요를 온전히 채우실 수 있다는 것입니다. 달리 말해 그분은 위 그림의 안쪽 원을 채우실 수 있습니다. 그분은 한 번도 바깥쪽 원을 채우신다고 약속하신 적이 없습니다. 배우자의 애정, 친절, 이해, 존경, 충절에 대한 모든 갈망은 바깥쪽 원에 속합니다. 갈망이 채워질 때 우리는 안전감과 중요감을 느끼지만 주님은 갈망의 충족을 약속하시지 않았습니다.

우리는 갈망이 채워지지 않으면 정당한 고통을 느낍니다. 좋은 부분이 빠진 것입니다. 하나님은 우리가 사랑받기에 충분하며 중요한 존재라는 사실을 실감케 해 줄 특별한 도구로 배우자를 택하셨습니다. 필요가 채워질 때 우리는 안전해지고 중요해집니다. 갈망이 채워지면 안전감과 중요감을 느낍니다. 갈망이 채워지지 않으면 상처받습니다. 그러나 안전감과 중요감의 필요는 느낌과 무관하게 이미 그리스도 안에서 채워졌습니다. 그래서 우리는 배우자가 내 갈망을 채워 주지 못해도 계속 섬김의 목표를 고수할 수 있습니다.

이제 여기 사용된 용어를 정의합니다.

목표(goal)란 내 힘으로 이룰 수 있는 것을 말합니다. 희망 사항의 성취가 오직 내 마음먹기에 달렸다면 그것은 목표입니다. 이 정의로 볼 때 배우자를 섬기는 것은 그리스도인의 목표입니다. 그리스도인은 누구보다도 이 목표를 더 잘 이룰 수 있습니다. 그리스도인은 스스로 느끼든 느끼지 못하든 이미 그리스도 안에서 전적으로 안전하고 중요한 존재입니다. 이제 그 온전함을 남에게 내줄 수 있습니다. 줄 것이 있기에 줄 수 있는 자입니다. 불신자의 안전감과 중요감은 근원이 달라 그들이 주는 것에는 진정한 기초가 빠져 있습니다. 자기 자신이 비어 있기에 결코 하나님이 원하시는 섬김의 목표를 좇을 수 없습니다.

갈망(desire)이란 간절하고 정당한 바람이지만 내 힘만으로 이룰 수 없는 것을 말합니다. 갈망의 성취에는 타인의 불확실한 협력이 필요합니다. 남편이 아이들을 좀 더 합리적으로 훈육했으면 하는 마음은 갈망으로는 정당하지만 목표로는 적합하지 않습니다. 남편이 아이들을 대하는 방식에 아내가 영향을 줄 수 있지만 그렇다고 아내에게 남편의 변화를 보증할 능력이 있는 것은

안전감과 중요감의 필요는 느낌과 무관하게 이미 그리스도 안에서 채워졌습니다.

아닙니다. 아내는 남편이 변화될 확률을 높일 수는 있어도 결코 자기가 변화를 이룰 수는 없습니다. 남편을 변화시키는 것을 목표로 삼는 아내는 자기에게 있지도 않은 능력을 있는 것으로 전제하는 것입니다. 목표를 세울 때는 상대의 반응이 아니라 상대를 향한 나의 반응에 초점을 맞춰야 합니다. 남편이 아이들을 다루는 방식은 어디까지나 아내의 갈망으로 남아야 합니다.

희망 사항을 목표로 보느냐 갈망으로 보느냐에 따라 이후의 행동이 크게 달라집니다. 예를 들어 오늘 오후에 비 오기를 바란다고 합시다. 비 오는 것은 내 힘으로 안 되는 일이므로 이 희망 사항은 갈망이 됩니다. 따라서 나는 비 오게 하려는 무의미한 노력에 매달리지 않습니다. 우리는 갈망의 충족을 자신의 책임으로 돌려서는 안 됩니다. 우리가 할 수 있는 일은 실권자인 하나님께 꿈을 이루어 달라고 기도하는 것뿐입니다. 비 오는 것을 목표로 인식하면 그것을 이루는 방도를 찾으려 애쓸 것입니다. 하지만 날씨를 통제할 능력이 없으므로 결국 좌절과 분노만 남습니다.

그러나 정당한 목표는 우리 힘으로 이룰 수 있습니다. 그러므로 목표에 관한 한 우리는 성취 방향으로 행동할 책임이 있습니다. 목표 달성에 필요한 일을 하고 싶지 않을 수도 있습니다. 예를 들어 잔디가 말라죽어 간다고 합시다. 나는 비 오기를 갈망합니다. 그러

나 목표는 어떻게든 잔디에 물을 주는 것입니다. 이를 위해 물 뿌리는 기계를 구입할 수 있습니다. 물론 기계를 사 오는 수고와 재정 투자를 원치 않을 수 있습니다. 그러나 시간과 돈이 있다고 가정할 경우 마음만 먹으면 목표를 이룰 수 있습니다.

이렇듯 갈망에 대한 최선의 방책은 기도입니다. 그러나 목표에 대한 최선의 방책은 책임감 있는 행동입니다. 갈망과 목표를 혼동하면 대응 방책도 잘못될 수밖에 없습니다. 많은 사람이 목표를 위해 기도하며("주님, 아내에게 좀 더 친절하게 해 주십시오") 갈망을 자기 힘으로 이루려 합니다("여보, 제발 잔소리 좀 그만둘 수 없어요?"). 원리를 기억하십시오. 갈망은 기도하고 목표는 직접 책임져야 합니다.

목표와 갈망의 구별은 중요하면서도 어려운 일이기에 좀 더 명확한 구분이 필요합니다.

각자 자신의 희망 사항을 하나씩 생각하십시오. 그것이 갈망이면 기도하면 되고 목표라면 열심히 일해 이루어야 합니다. 다음 두 질문은 희망 사항이 갈망인지 목표인지 가리는 데 도움이 될 것입니다.

1. 바라는 바가 정확히 무엇인가? 무엇을 이루기 원하는가?
2. 외부의 도움 없이 혼자 힘으로 희망 사항의 성취 여부를 통제할 수 있는가?

두 번째 질문에 대한 답이 '예'라면 그것은 갈망이 아니라 정당한 목표입니다. 답이 반대라면 그것은 본인이 책임질 목표가 아닙니다. 기도해야 할 갈망입니다.

다음 예를 생각해 봅시다. 매 항목을 위 첫 질문에 대한 답으로 보십시오. 희망 사항입니다. 이제 두 번째 질문에 비추어 각 항목의 희망 사항이 갈망인지 목표인지 가려 보십시오. 두 번째 질문은 희망 사항의 성취 여부가 내 통제하에 있는가 하는 것이었습니다.

1. 남편이 내 기분을 알아 줬으면 좋겠다.
2. 아내를 사랑하는 마음을 잘 표현하고 싶다. 아내는 늘 불안해한다.
3. 남편이 날 사랑한다면 돌아갈 수 있다.
4. 남편한테 성적 매력을 느끼고 싶다. 남편은 전혀 욕망을 느끼게 하지 못한다.
5. 가족을 잘 부양하려면 올해 돈을 더 많이 벌어야겠다.
6. 하나님이 우리 부부를 사용해서서 올해 이웃들 중 적어도 한 사람에게 복음을 전하게 하셨으면 좋겠다.

여섯 가지 희망 사항은 전부 목표가 아니라 갈망입니다. 어느 경우도 당사자의 노력만으로 희망 사항의 성취를 보증할 수 없습니다.

다음은 여섯 가지 희망 사항을 갈망에서 목표로 바꾼 것입니다.

1. 남편에게 내 기분을 편지로 써야겠다. 남편이 이해해 주면 좋겠다(갈망). 하지만 내가 할 일은 최대한 분명히 내 마음을 표현하

는 것이다(목표).

2. 아내는 늘 불안해한다. 아내가 사랑받는다고 느낄지 확신할 수 없지만(갈망) 금주 중에 다섯 가지 일을 정해 사랑을 표현하자(목표).

3. 남편한테 돌아간다고 생각하면 겁난다. 남편이 바뀌지 않는 한 감당할 수 없을 것 같다(갈망). 하지만 하나님의 뜻을 믿기에 돌아가 최선을 다하는 아내가 되어야겠다(목표).

4. 남편에게 성적 매력을 느끼고 싶지만(갈망) 내 힘으로 통제할 수 없는 부분이다. 우선 남편에게 서운한 감정이 없는지 내 마음을 살펴보고 더 친절하게 사랑으로 대하자(목표).

5. 물가 인상으로 생활비도 늘고 아이들이 사립학교에 진학해 돈이 더 필요하다(갈망). 몇 군데 이력서를 내야겠다. 야근도 자원하고 사내 복지 담당자도 만나고 매일 이 문제를 놓고 10분씩 기도하자(목표).

6. 이웃들을 상대로 효과적인 전도 사역을 하고 싶다(갈망). 일단 교회의 전도 훈련에 등록하고 아는 사람들 중 최소한 한 명에게 나 자신을 소개하자(목표).

분명한 것은 어느 경우든지 목표가 성취되면 갈망의 실현도 높아진다는 사실입니다. 예컨대 5항의 남자의 경우 야근하면(목표) 수입도 늘어납니다(갈망). 갈망 실현을 꿈꾸며 목표를 힘써 추구하는 것은 잘못이 아닙니다. 하지만 마음이 갈망에 지배돼서는 안 됩니다. 성경은 먼저 하나님의 나라를 구할 것과 보물을 하늘에 쌓아 두라고 가르칩니다. 하나님을 경배하고 섬기며 날마다 그리스도의 형상을 닮아 가는 목표에 자신의 마음을 두라는 말씀입니다. 이 목표는 능력 주시는 하나님의 은혜로 어떤 상황에서도 능히 이룰 수 있습니다.

바울은 자족의 비밀을 배웠다고 고백합니다(빌 4:10-13). 환경이 좋든 나쁘든 만족할 줄 알았던 그 비밀이 13절에 잘 나와 있습니다. "내게 능력 주시는 자 안에서 내가 모든 것을 할 수 있느니라." 바울의 목표는 주님을 기쁘시게 하며 더욱 그분을 닮는 것이었습니다. 물론 그에게도 감옥에서 풀려나 사랑하는 교회를 찾아가 말씀 전하고 형제들과 교제하며 쉼을 얻고 싶은 갈망이 있었습니다. 그러나 갈망의 성취와 상관없이 언제나 마음에 정한 뜻, 즉 하나님을 위해 산다는 목표를 이룰 수 있었고 그로 인해 늘 자족할 수 있었습니다.

언제 배우자에게 감정을 표현할 것인가?

목표와 갈망의 개념이 분명해졌으니 이제 이 장의 중심 질문에 바른 답을 찾을 수 있습니다. 우리는 언제 배우자에게 감정을 표현해야 합니까?

에스겔 말씀에서 살펴본 원리를 기억하십시오. 일단 자신과 하나님 앞에 감정을 그대로 인정한 뒤 하나님의 뜻에 비추어 표현 여부를 결정하는 것입니다. 거듭 말한 것처럼 결혼의 성경적 목표는 부부가 서로 섬기는 것입니다. 섬김이 목표입니다. 그러나 우리는 타인의 섬김을 받을 때 자신의 가치를 실감하는 존재이기에 배우자의 사랑과 존경을 갈망합니다. 분명 배우자의 태도는 내 힘으로 통제할 수 없습니다. 따라서 배우자의 사랑과 존경을 바라는 마음은 갈망으로 보아야 합니다. 기도 제목일 뿐입니다.

참으로 많은, 어쩌면 대다수의 남편과 아내가 목표와 갈망을 혼동합니다. 예를 들어 봅시다. 힘든 하루를 마치고 퇴근하는 남편은 아내의 따뜻한 응대를 목표로 삼습니다. 어쩌다 귀가가 늦어져 아내가 화내고 얼굴 찌푸리면 목표는 물거품이 됩니다. 남편은 분노를 느낍니다. 이 분노를 아내에게 말해야 합니까? 만일 "하루 종일 일에 시달린 사람한테 좀 웃어 줄 수 없소?"와 같은 분노 표출로 아내의 불쾌한 응대에 맞서려 한다면 그 순간 남편의 목표는 아내에게 똑같이 상처를 주거나 잔소리를 그치게 하거나 죄책감을 유발시켜 행동을 바꾸게 하는 것이 됩니다. 하나같이 다 섬김의 목표에 어긋나는 동기입니다. 그것은 조작적이며 따라서 죄입니다.

그러면 그 분노를 어떻게 해야 합니까? 다음의 행동 단계를 생각해 보십시오.

1단계: 분노를 참습니다. 성경은 화날 때 신중해야 한다고 거듭 말합니다. 홧김에 바로 분을 내면 범죄하기 쉽습니다.

2단계: 분노를 인정합니다. 무분별한 즉흥적 표출은 일단 삼가야 하지만 분노 자체를 부인해서는 안 됩니다.

3단계: 신중히 생각하여 목표를 정합니다. 대체로 분노란 목표가 무너질 때 생긴다는 사실을 잊지 마십시오. 자신의 희망 사항이 무엇인지 자문해야 합니다. 배우자가 내 희망 사항을 방해할 수 있다면 그것은 결코 목표가 아닙니다. 갈망으로 인정하고 ("아내가 따뜻하게 맞이해주면 좋겠다") 섬김의 목표를 다시 붙들어야 합니다.

4단계: 정당한 목표에 책임집니다. 섬김의 헌신이 현실이 되려면 아내를 섬기기 위한 구체적 행동을 정해야 합니다. 무너진 갈망에 대한 상처의 표현보다 섬김의 목표가 언제나 먼저입니다. 우선 아내의 짜증에 충분한 공감을 보인 뒤 ("당신의 저녁 계획을 망쳤으니 당연히 화나겠지요!") 수고에 고마움을 표할 수 있습니다. ("날 위해 밥 짓고 빨래하고 늘 애써 주어 정말 고맙소.")

5단계: 목표 달성에 도움이 된다면 부정적 감정을 표현합니다.[3] 이 시점(2분 후가 되든 2시간 후가 되든)에서 비로소 남편은 문앞에서 느낀 분노를 아내에게 말할 수 있습니다. 분노가 쓰디 쓴 앙금으로 남을 것 같거든 미리 털어놓아 분노로 인한 감정의 위축을 막아야 합니다. 남편의 분노 표현을 통해 아내는 자신의 태도가 남편에게 미치는 영향을 깨달을 수도 있습니다. 남편의 갈망대로 섬기기 원할 경우, 남편이 아내의 특정 행동에 따른 자신의 기분을 말해주면 아내가 섬김의 목표를 이루는 데 도움이 됩니다.

---

3. 우리가 배워야 할 가장 중요한 섬김 중 하나는 배우자가 부정적 감정을 표현할 때 수용하는 (반드시 동의할 필요는 없지만) 것입니다. 이 장 맨 뒤에 "배우자가 감정을 표현할 때 반응하는 법"이라는 제목으로 실습 단락을 덧붙여 나름대로 적절한 반응을 제시했습니다.

분노의 응어리를 막고 아내의 이해를 도우려는 뜻에서 1-4단계를 충분히 거쳐 결국 부정적 감정을 표현했다면 그 표현은 섬김으로 볼 수 있습니다. 아내는 귀가가 늦었다고 계속 화내며 저녁 내내 불쾌한 태도로 잔소리할 수 있습니다. 남편은 아내의 행동을 통제할 수 없습니다. 계속 화낸다면 아내는 죄 짓는 것이고 남편은 불쾌하고 속상할 것입니다. 그래도 남편은 섬김의 헌신을 고수할 책임이 있습니다. 감정 표현의 목표는 결코 받은 만큼 복수하거나 상대를 변화시키는 데 있지 않습니다.

요약

우리의 필요는 그리스도 안에서 이미 채워졌기 때문에 우리는 얼마든지 결혼을 나의 필요를 채움 받는 장(場)이 아니라 배우자가 자신을 향한 하나님의 사랑과 계획을 깊이 느끼도록 돕는 특별한 기회로 볼 수 있습니다. 배우자로서 우리의 목표는 상대방을 섬기는 것이라야 합니다. 그러나 인간은 상대에게 섬김 받기 원하는 갈망이 있기에 상대가 바람대로 해 주지 않으면 어쩔 수 없이 고통을 느낍니다.

대화 문제는 대개 목표와 갈망의 혼동과 깊은 관계가 있습니다. 배우자에게 바라는 갈망이 목표로 둔갑하는 것입니다. 상대에게 특정한 태도를 요구하다 그것이 채워지지 않으면 복수의 방편 내지 상대를 변화시키려는 뜻으로 부정적 감정을 표출합니다.

정신적 연합에 이르는 대화에서 염두에 두어야 할 중요한 사실이 있습니다. 첫째, 목표가 배우자를 섬기는 것임을 거듭 확인하는 것입니다. 둘째, 배우자의 섬김을 바라는 갈망은 결코 목표일 수 없음을 깊이 인식해야 합니다. 자신의 감정이 무너
배우자를 섬김으로 하나님을 기쁘시게 하는 것만이 우리의 목표여야 합니다.

진 갈망에서 온 것임을 분명히 알고 섬김의 목표를 계속 고수할 때에만 배우자에게 부정적 감정을 표현할 수 있습니다. 목표대로 안 됐다고 부정적 감정을 표현하는 것은 옳지 않습니다. 배우자가 방해할 수 있는 목표라면 애초에 잘못된 것입니다. 배우자를 섬김으로 하나님을 기쁘시게 하는 것만이 우리의 목표여야 합니다. 그 목표가 건재하고 사랑의 태도와 행동이 병행될 때에만 배우자가 무너뜨린 갈망에 대해 부정적 감정을 표현할 수 있습니다.

지금부터는 상대가 감정을 표현할 때 반응하는 법을 알아보고 함께 실습하는 기회를 가지려 합니다. 이것을 통해 정신적 연합이 더욱 깊어질 것입니다.

대화 연습: 배우자가 감정을 표현할 때 반응하는 법

수용적 연합을 이루는 과정에서 가장 중요하면서도 배우기 어려운 반응 중 하나는 감정을 표현하는 상대에게 효과적인 대화를 통해 자신의 느낌을 전하는 것입니다. 바울은 "그리스도께서 우리를 받아 하나님께 영광을 돌리심과 같이 너희도 서로 받으라"고 말합니다(롬 15:7). 그리스도는 우리를 그대로 받으시고(롬 5:8) 정죄하지 않으시며(롬 8:1) 연약함을 듣고 이해하며 공감해 주십니다(히 4:15). 그러므로 우리는 두려움 없이 마음을 내보이며 담대히 그분께 나아갈 수 있습니다(히 4:16).

그러나 우리는 결혼 생활에서 상대를 그대로 받아들이지 못할 때가 얼마나 많습니까? 결혼이 그리스도와 교회의 관계를 상징하는 가장 놀라운 가시적 관계임에도 말입니다. "나는 배우자에게 성생활에 대한 느낌이나 돈 문제에 대한 두려움이나 무시당할 때의 기분을 절대 말할 수 없다. 마음을 열고 기분을 솔직히 털어놓을 때마다 상처만 입을 뿐이다." 이렇게 생각하는 남편과 아내가 얼마나 많습니까?

많은 사람이 배우자가 감정을 표현할 때 자신이 여러 모양으로 비난하고 거부하며 둔감하게 반응한다는 것을 모르고 있습니다. 내가 부정적 반응을 보일 때마다 상대는 상처받고 더 심한 상처에서 자신을 보호하려 가면 뒤로 숨을 것입니다. 연합을 향한 여정은 거기서 중단됩니다.

이 대화 연습은 배우자의 감정 표현에 반응하는 법을 배워 좀 더 따뜻하게 서로 이해하며 친밀한 관계를 이루도록 돕기 위한 것입니다. 이것은 혼자 하지 말고 부부가 같이 해 볼 것을 권합니다.

배우자의 감정 표현에 대한 반응에는 기본적으로 두 가지가 있습니다. 수용할 수도 있고 거부할 수도 있습니다. 감정이란 인격의 핵심은 아니지만 가장 민감한 부분입니다. 배우자가 감정을 표현할 때는 아주 조심스레 다루어야 합니다. 막 출산을 마친 행복한 산모로부터 건네받은 갓난아기를 조심스레 쓰다듬듯 말입니다. 그러나 상대가 표현하는 감정을 마치 쓰레기 뭉치 다루듯 대하는 부부가 많습니다.

다음은 부부 대화의 몇 가지 예입니다. 한쪽에서 감정을 표현하면 상대가 반응합니다. 쭉 읽으면서 각 대화의 응답자(두 번째 말하는 사람)가 상대에게 수용의 느낌을 전하고 있는지 판정해 보십시오. 그렇다고 생각되면 대화 밑의 수용에 동그라미 치십시오. 어떤 식으로든 거부의 느낌을 주는 반응이라면 거부에 동그라미 치십시오. 상대가 나를 수용하면 이해받고 존중받는 느낌이 들며 따라서 감정을 더 많이 나누고 싶어집니다. 그 점을 염두에 두십시오.

대화 1
아내: 어젯밤 당신이 내 기분은 안중에도 없이 섹스를 요구했을 때 정말 속상했어요. 당신한테 나라는 사람은 별 볼일 없는 존재라는 느낌밖에 들지 않더군요.
남편: 여보, 강요할 의도는 전혀 없었소. 나는 당신도 원하는 줄 알았소.　　　　　　　　　　　　　　　(수용, 거부)

대화 2
남편: 어젯밤 성경공부 시간에 내 의견을 말하자 당신은 눈살 찌푸리며 뭐라고 했소? "난 그런 뜻이 아니라고 생각해요." 그대로 뛰쳐나가 다시는 돌아오고 싶지 않더군. 지금도 그 생각만 하면 불쾌해요.

아내: 여보, 미안해요. 내가 그랬다니 정말 미안해요.

(수용, 거부)

대화 3

아내: 당신이 내 몸무게에 대해 말할 때마다 너무너무 화나 막 더 먹고 싶어져요. 다른 사람들 앞에서 그럴 때는 더 그래요. 아무튼 내 몸무게 얘기만 꺼내면 미칠 것 같아요. 정말 너무해요.

남편: 당신이 우리 집 돈 문제로 떠들고 다니니까 피장파장이지 뭐요. 당신이 사람들한테 우리는 새 차 살 돈이 없어 낡은 차만 몰고 다닌다고 말할 때마다 내가 얼마나 신경질 나는지 알아요? 정말 미치겠소.

(수용, 거부)

대화 4

남편: 직장 일로 스트레스가 너무 커요. 골치 아파 출근하기도 싫어요. 회사 가 봐야 하루 종일 오늘은 영업을 나갈 것인지 말 것인지 그 고민만 하고…너무 힘들어요.

아내: 여보, 그렇다면 스트레스가 덜한 일자리를 구하는 게 어떨까요?

(수용, 거부)

대화 5

아내: 내일 아침 회의에서 업무 보고를 해야 되는데, 그 생각만 하면 아찔해요.

남편: 여보, 당신은 잘할 거요. 언제나 그런 일을 앞두면 이렇게 불안해하지만 막상 닥치면 잘하잖소. 그러니까 걱정할 것 없소. (수용, 거부)

대화 6
남편: 너무 오래 집을 떠나 있어 정말 미안하고 죄책감이 들어요. 벌써 몇 달이나 당신과 아이들하고 오붓한 시간을 가지지 못했소.
아내: 진짜 문제는 당신이 돈 문제로 너무 걱정하는 것 같아요. 그래서 일을 많이 하는 거잖아요. 우리는 차라리 돈이 부족해도 당신과 함께 있고 싶어요. (수용, 거부)

대화 1을 다시 한 번 보십시오. 감정을 거부하는 가장 보편적 방법은 상대가 기분을 표현할 때 듣는 사람이 자신을 방어하거나 변명하는 것입니다. 나의 느낌에 초점을 두는 것으로 자연히 상대의 느낌은 놓치고 맙니다. 첫 번째 대화의 남편은 아내의 감정을 거부했습니다.

대화 2를 보십시오. 상대방에게 그 사람의 감정을 이해한다는 사실을 알리기 전 성급히 사과하는 것은 대개 아무런 의미가 없습니다. 실은 이런 말과 같습니다. "이 문제로 더 이상 얘기하고 싶지 않아요. 당신에게 얼마나 상처가 됐는지 별로 듣고 싶지 않아요. 내가 빨리 사과하면 괴로운 대화가 얼른 끝나겠지요?" 두 번째 대화도 거부에 동그라미를 쳐야 합니다.

대화 3의 경우 남편은 가장 흔한 기법인 '공격'이라는 수단으로 아내의 감정을 거부합니다. 아내가 남편의 잘못을 얘기할 때 되받아 아내의 잘못을 얘기하는 것은 교묘하면서도 파괴적인 공격입니다. 그 결과 한동안 뜨거운 공방전이 벌어질 수도 있고 차가운 냉전이 지속될 수도 있습니다. 이 대화에서 남편은 아내의 감정을 명백히 거부했습니다.

대화 4를 생각해 봅시다. 배우자가 고충을 얘기할 때 즉시 충고하는 것은 좋지 않습니다. 낙심한 남편이 기대한 것은 아내의 존중과 격려였지 상담자의 도움과 충고가 아니었습니다. 어려움을 당한 남편에게 충고하기 좋아하는 아내들이 있지만 실은 자신의 충고가 남편에게 이렇게 들린다는 것을 모릅니다. "당신 알고 보니 참 약한 사람이군요. 이 정도 가지고 쩔쩔매다니…. 내가 가르쳐 드리죠." 네 번째 대화도 거부에 동그라미 치십시오.

이번에는 대화 5를 읽으십시오. 배우자가 감정을 표현할 때 '그런 기분' 갖지 말라고 말하는 것은 좋지 않습니다. 의도는 격려였다 해도, 감정을 표현한 후 그런 말을 듣는 것은 유감스럽게도 강한 반박으로 느껴집니다. 그러므로 이런 말은 피해야 합니다. "여보, 그런 기분은 안 돼요." "그렇게 걱정할 (속상할 등) 이유가 하나도 없잖소." 다섯 번째 대화의 응답자는 아내의 감정을 그렇게 거부했습니다.

마지막 대화 6을 생각해 봅시다. 감정을 거부하는 또 하나의 교묘하고도 확실한 방법은 감정을 유발한 문제에 대해 상대의 평가를 고치는 일입니다. 상대에게 '진짜 문제'는 무엇이며 따라서 감정이 어떠해야 한다고 얘기하는 것은 결코 수용적 대화가 아닙니다. 물론 사건에 대한 명확한 시각을 제시할 필요가 있을 때도 있습니다. 그러나 감정 표현 직후에 그런 말을 하는 것은 상대방에게 자신이 거부 당했다는 느낌으로 전달됩니다. 여섯 번째 대화 역시 표현된 감정을 거부하는 길입니다.

이제 부부가 함께 펜과 종이를 준비하기 바랍니다. 남편은 대화 1, 3, 5에 나타난 아내의 감정 표현을 읽으십시오. 그리고 아내의 감정을 수용하는 반응을 적으십시오. 아내는 대화 2, 4, 6을 읽고 같은 방법으로 자신의 반응을 쓰십시오.

다 됐으면 서로 바꿔 읽으십시오. 남편은 아내의 반응이 자신에게 수용의 느낌을 주는지 답하십시오. 아내도 남편이 쓴 답에서 수용을 느낄 수 있는지 평가하십시오. 각자의 느낌에 따라 상대의 글 밑에 수용 혹은 거부라고 쓰십시오. 그리고 왜 그렇게 느꼈는지 얘기하는 시간을 가지십시오.

이제 아래 대화를 읽으며 이 연습을 마치려 합니다. 표현된 감정은 앞의 대화와 같습니다. 그러나 이 경우에는 응답자가 감정을 수용하는 말로 답하고 있습니다. 앞에 나온 거부의 반응과 여기 나오는 수용의 반응을 잘 비교해 보십시오.

대화 1

아내: 어젯밤 당신이 내 기분은 안중에도 없이 섹스를 요구했을 때 정말 속상했어요. 당신한테 나라는 사람은 별 볼일 없

는 존재라는 느낌밖에 들지 않더군요.
남편: 내가 너무 이기적이었던 것 같소. 마치 모든 관심사는 내가 원하는 것에만 있다는 듯 말이오.

감정을 수용하는 한 가지 좋은 방법은 상대방이 표현하는 감정을 반영하는 거울이 되는 것입니다.

대화 2
남편: 어젯밤 성경공부 시간에 내 의견을 말하자 당신은 눈살 찌푸리며 뭐라고 했소? "난 그런 뜻이 아니라고 생각해요." 그대로 뛰쳐나가 다시는 돌아오고 싶지 않더군. 지금도 그 생각하면 불쾌해요.
아내: 무엇 때문에 화났는지 잘 모르겠어요. 내가 당신을 무시하는 것처럼 느껴졌어요?

아내의 말을 잘 들어 보십시오. 만약 상대의 말이 잘 이해되지 않을 때는 질문을 해서 그 말의 참뜻을 탐색하십시오. 배우자는 그것을 자신의 감정을 진심으로 이해하고 싶다는 의미로 받아들일 것입니다.

대화 3
아내: 당신이 내 몸무게에 대해 말할 때마다 너무너무 화나 막 더 먹고 싶어져요. 다른 사람들 앞에서 그럴 때는 더 그래

요. 아무튼 내 몸무게 얘기만 꺼내면 미칠 것 같아요. 정말 너무해요.

남편: 여보, 내가 당신을 있는 그대로 받아들이고 사랑하지 않는 것 같아 상처가 된 것 같군요. 맞아요?

감정 수용의 또 한 가지 방법은 상대가 표현한 내용을 확인하는 것입니다. 상대의 느낌을 자신이 이해한 말로 표현한 뒤 제대로 들었는지 물어보십시오.

대화 4

남편: 직장 일로 스트레스가 너무 커요. 골치 아파 출근하기도 싫어요. 회사 가 봐야 하루 종일 오늘은 영업을 나갈 것인지 말 것인지 그 고민만 하고…너무 힘들어요.

아내: 여보, 정말 힘들 거예요. 전에 언젠가 이 일은 당신이 정말 원했던 일이 아니라고 말했었지요. 그 일을 계속해야 한다는 좌절도 있겠지요.

감정 수용의 네 번째 방법은 상대가 말한 내용을 부인하지 않으면서 관련된 다른 감정으로 내용을 부연하는 것입니다.

대화 5

아내: 내일 아침 회의에서 업무 보고를 해야 되는데, 그 생각만 하면 아찔해요.

이 책을 읽고 있는 모든 아내에게 권합니다. 이 경우 당신에게 수용의 느낌을 줄 반응을 직접 써 보십시오.

대화 6
남편: 너무 오래 집을 떠나 있어 정말 미안하고 죄책감이 들어요. 벌써 몇 달이나 당신과 아이들하고 오붓한 시간을 가지지 못했소.

이번에는 남편이 자신에게 수용의 느낌을 줄 반응을 직접 적어 보기 바랍니다.

다음은 이 연습의 요점을 요약한 것입니다.

배우자가 감정을 표현할 때 반응하는 법

감정을 거부하는 법
1. 방어/변명
   "내가 그렇게 말한 이유는…"
   "그게 아니라 내 말은…"
2. 사과
   "그랬다니 정말 미안해요."
   "그 말을 하지 말았어야 하는데."
3. 공격

"내 잘못은 인정해요. 하지만 당신도…"

"당신 말이 맞다 칩시다. 그런데 왜 당신은 …했는지 이해가 안 가네요."

4. 충고

"이렇게 하면 될 거요."

"혹시 저렇게 하면 어떨까요."

5. 경멸

"왜 그런 기분이 드는지 알다가도 모르겠소."

"그렇게 느낄 필요가 하나도 없어요."

6. 수정

"내가 보기에 당신이 진짜 말하려는 바는 …인 것 같군요."

"당신에게 그런 느낌이 든다고는 생각되지 않소."

감정을 수용하는 법

1. 반영

"지금 당신 기분이 …하다는 얘기인 것 같아요."

"그때 그런 느낌이 들었다는 말 같군요."

2. 확인

"그러니까 …라는 말인가요?"

"당신 느낌이 …하다는 얘기 맞소?"

3. 탐색

"…하다는 말은 아직 잘 이해가 안 돼요."

"또 어떤 때 그런 기분이 들어요? …에 대한 당신의 기분을 잘 모르겠어요."

4. 부연

"그런 기분이 들었군요. 혹 이런 느낌도 들지 않았어요?"

"당신 기분 알겠소. 내가 당신이라도 그랬을 거요. 당신도 그렇게 생각하오?"

육체적 연합
인격적 의미를 수반해야 한다

결혼 문제의 가장 큰 원인이 대화에 있다면 둘째 원인은 단연 성 문제입니다. 부부 사이의 불화가 잠자리만큼 극명하게 나타나는 곳은 없습니다.

상담하며 으레 듣는 전형적 하소연을 몇 가지 소개합니다.

"남편한테 이용당하는 느낌이에요. 자기가 섹스를 원하면 나는 언제나 즉시 준비되어 있어야 해요. 잠자리를 같이할 때 빼고는 다정히 안아 주는 일이 한 번도 없죠. 그럴수록 나는 남편한테서 육체적으로 점점 멀어지죠."

"아내는 왜 그렇게 둔한지 모르겠습니다. 어쩌다 키스라도 하려고 하면 기껏 돌아오는 건 기계적 응대뿐입니다. 그러니 만족을 찾아 한눈팔 수밖에 없는 겁니다. 아내가 왜 좀 더 자발적으로 내 욕구를 채워 주지 않는지 이해가 안 갑니다."

"저는 한 번도 오르가즘에 도달해 본 적이 없어요. 그 문제라면 정말 진절머리가 나요. 남편이 절정을 즐기는 것을 보면 꼭 속은 기분이에요. 설상가상으로 이 사실은 절대 남편한테 말할 수 없어요. 오르가즘을 느끼는 척해야 돼요. 자기가 나를 만족시키지 못한다는 사실을 알면 아마 흥분해서 난리 칠 거예요."

"아내한테 더 이상 매력을 못 느낍니다. 늘 잔소리만하지, 잘난 체하지, 거기다 살은 또 얼마나 쪘는지…. 내가 원하는 섹시한 옷을 입는 적이 없습니다. 이제 무슨 옷을 걸치든 더 이상 신경도 안 씁니다. 그런 여자와 성생활을 계속해야 한다는 사실이 비참할 뿐입니다."

"선생님은 오럴 섹스를 어떻게 생각하세요? 남편과 저는 이 문제만 빼고는 사실 멋진 부부 관계를 맺어 왔어요. 남편은 집요하게 요구하지만 저는 생각만 해도 구역질이 나요. 남편은 내가 자기를 정말로 사랑한다면 그것도 해야 된다는 거예요."

"우리 부부는 대체로 잘 지내지만 성생활만은 예외입니다. 특별한 문제가 있는 것은 아닙니다. 다만 언제나 지쳐 떨어질 때까지 가야 되고 그것을 마치 의무처럼 생각합니다. 성생활에 낭만이라곤 조금도 없습니다."

당신이 상담자라고 생각해 보십시오. 이들을 돕기 위해 어떻게 하겠습니까? 이들의 성적 고충은 어디가 문제입니까? 기술 부족, 안전감 결핍, 심리적 콤플렉스, 이기심, 성욕의 정도 차이 등이 문제입니까? 그리스도인 부부는 은밀한 잠자리에서 정확히 무엇을 경험해야 합니까?

지금까지 부부의 친밀한 관계는, 안전감과 중요감을 배우자가 아닌 주님을 의지하여 채움 받는 '영적 연합'과, 자신의 필요를 채우기 위해 배우자를 조작하는 것이 아니라 배우자의 필요를 채우려 섬기기로 헌신하는 '정신적 연합'의 성숙을 통해 이루어진다고 했습니다.

연합이라는 결혼의 목표에는 세 번째 요소가 하나 더 있습니다. 이것은 흔히 결혼 관계의 핵심 요소가 되었지만 실은 성경이 말하는 부부 연합의 한 부분에 지나지 않습니다. 인간은 하나님과 인격적 관계를 맺는 영혼만도 아니고 타인과 인격적 관계를 맺는 정신만도 아니며 동시에 다른 육체와 관계 맺도록 오감이 구비된 물리적 존재, 즉 육체이기도 합니다. 우리는 타인의 몸을 만지고 체취를 맡으며 모습을 보고 소리를 들으며 심지어 맛볼 수 있습니다. 사람은 육체를 통해 교감을 나눌 수 있습니다.

자비의 하나님은 인격적 관계를 위해 교훈을 주신 것같이 육체

관계에 대해서도 특별한 계획을 밝혀 주셨습니다. 그 계획을 따를 때 부부는 즐겁고도 의미 있는 성관계를 누릴 수 있습니다. 먼저 육체적 연합이 무엇인지 설명한 뒤 그것을 이루는 방법을 살펴보겠습니다.

육체적 연합 대 흥미를 좇는 섹스

성적인 문제로 상담을 청하는 부부를 보면 그 구하는 것이 하나님이 주시려는 것보다 낮은 차원에 머무르는 경우가 많습니다. 많은 경우 남자는 사정(射精) 통제법만 알면 그만이고 여자는 오르가즘 횟수를 늘리는 법만 알면 됩니다. 이들의 가장 전형적 요구는 잠자리의 긴장을 줄이고 차분한 기대 속에 충분히 즐기는 법을 찾는 것입니다.

아가서의 낭만적 이야기를 읽고 하나님이 의도하신 결혼의 풍성한 연합을 묵상할 때(그 풍성함이 얼마나 큰지 성경은 그것을 그리스도와 그 신부인 교회의 연합에 대한 생생한 비유로 사용하고 있습니다), 그리스도인 부부가 성관계에서 원하는 것이 쾌락의 증대와 좌절의 해소에 머무른다면 그것은 손해를 자초하는 일입니다. 그렇다고 감각적 쾌락과 전혀 무관한 일종의 '영적 섹스'를 추구해야 한다는 말은 아닙니다.

성생활이란 흥분된 절정 경험 이상의 것을 즐기는 일이라 확신합니다. 하나님은 바다를 주시는데 웅덩이에서만 첨벙대는 것은 결코 고상한 자기 부인이 아닙니다. 그것은 한없이 어리석은 짓입니다. 약속된 축복을 스스로 차버릴 뿐 아니라 하나님의 영광과 기쁨을 탈취하는 것입니다.

좀 더 분명한 이해를 위해 육체적 연합과 '흥미를 좇는 섹스'의 차이점을 살펴보겠습니다. 언제나 그렇듯 사탄은 하나님이 헌신된 그리스도인에게 주시는 것과 아주 흡사한 모조품을 만들어 냈습니다. 사탄은 성적 쾌락에 필요한 것은 체위(體位) 조정이 전부라고 못박았습니다. 수많은 사람이 입을 모아 그렇게 말합니다. 정서적 연합은 필요 없습니다. 한 남자로부터 이런 말을 들었습니다. 군복무 도중 수많은 여자와 육체관계를 가졌지만 이름을 안 사람은 하나도 없다는 것입니다. 그러나 육체의 쾌락은 실컷 즐겼습니다. 단순한 육체적 쾌락을 '흥미를 좇는 섹스'로 표현한 것은 재미와 만족이 없는 경직된 섹스와 대비하려는 것이지 꼭 성경이 죄라고 말하는 섹스를 뜻하는 것은 아닙니다.

육체적 연합은 흥미를 좇는 섹스와 다르며 그 이상의 것입니다. 육체적 연합이란 영적 연합과 정신적 연합이 무엇인지 아는 그리스도인 부부가 누릴 수 있는 육체관계를 뜻합니다. 두 개념을 간단히 이렇게 구분할 수 있습니다. 흥미를 좇는 섹스란 정당한 인격적 의미가 빠진 육체적 쾌락을 뜻합니다. 반면 육체적 연합은 인격적 의미가 수반되는 육체적 쾌락을 뜻합니다. 이제 이 개념을 좀 더 자세히 살펴보겠습니다.

흥미를 좇는 섹스

성욕에 뭔가 문제가 생겼습니다. 성애를 추구하는 자연스런 욕구가 난폭한 폭군이 되어 한계나 결과는 안중에도 없이 그저 만족만 요구합니다. 평판이 망가져도 좋고 관계가 깨어져도 좋고 직업이 끝장나도 좋습니다. 성의 쾌락만 살 수 있다면 어떤 값비싼 대가도 치를 수 있습니다. 왜 그렇습니까? 성적 흥미를 추구하는 생물학적 욕망이 어째서 우리의 상전이 되어 하나님의 기준을 무시하게 만드는 겁니까?

현대의 중대 과오 중 하나는 인간을 단지 자의식이 있는 복잡한 물질의 조직체, 살아 있는 동안에는 결합돼 있다 죽으면 분해되는 화학 물질의 집합체로 보는 그릇된 시각을 조장한 점입니다. 영혼이니 정신이니 하는 말은 더 이상 독립적 의미를 상실한 채 인간의 기계적인 기능을 좀 더 품위 있게 묘사하는 수사학적 표현이 되고 말았습니다. 뼈와 기관과 피부와 머리칼 등 물질밖에 존재하지 않습니다.

이러한 탈인간화 이론에 반기를 들고 인간이 육체 이상의 존재임을 주장한 것이 소위 '인간 잠재력 운동'입니다. 인본주의는 우리가 인격이며 인격의 가치는 물질 수준으로 격하될 수 없다고 말합니다.

인간이 기계 이상의 존재라는 주장은 당연한 것입니다. 사회 여러 분야에서 태아가 단지 섬유질로 통하는 것이 사실이지만 그래도 품속에서 옹알이 하는 아기가 단지 감정 있는 움직이는 기계에 지나지 않는다는 말에는 동의할 수 없습니다. 분명 우리는 사람, 적어도 내가 좋아하거나 소중히 여기는 사람을 기계가 아닌 인격체로 생각하려 합니다.

그러나 한 가지 문제가 있습니다. 생명이 한 인격적 창조주에서 비롯됐다는 사실을 믿지 않는다면(대다수 인본주의자가 믿지 않는다), 인간이 인격 없는 복잡한 기계 이상의 존재라는 주장도 감쪽같은 환상일 뿐 아무 의미가 없습니다. 비인격적 존재가 인격적 존재를 낳는다는 논리는 돌덩이가 진화하여 강아지가 되기를 바라는 것만큼 황당한 일입니다. 살아 계시고 인격적이며 만유의 궁극적 시작이 되시는 하나님을 빼고 인격의 가치를 논한다는 것은 바보짓입니다.

하나님이 없다면 인간을 인격적 존재로 여겨야 할 아무런 근거도 없고 인간의 인격적 필요를 채워 줄 아무런 자원도 없습니다. 인간이 물리적 기계에 지나지 않는다면 인격적 필요라는 것도 존재할 수 없습니다.

우리가 육체뿐이라면 어떤 일이 생길까요? 몸으로 할 수 있는 일은 기껏해야 최고의 만족을 구하는 것입니다. 소위 '육체적 편의'입니다. 맛좋은 음식, 기분 돋우는 술, 편안한 침대, 친구를 태워 줄 때마다 은근히 뿌듯한 기분이 드는 멋진 차, 안내인과 주방장과 심부름꾼이 딸려 있어 문 열고 테이블 정하고 골프채 세우는 일까지 다 대신해 주는 근사한 컨트리클럽이 거기에 해당합니다. 삶을 사는 목표는 단지 육신을 편안케 하고 쾌적한 기분을 만끽하는 것입니다.

인간이 인격적인 하나님의 형상대로 지음 받은 인격적인 존재라는 사실을 부인할 때 뒤따르는 진정한 비극은 인격적 만족에 대한 자신의 놀라운 잠재력을 인식하는 이들이 극히 적어진다는 것입니다. 인간은 최고의 기쁨과 만족은 오감을 통해 오지 않는다는 진리를 잃어버렸습니다. 이 사실을 바로 알아야 할 그리스도인마저 인격적 고통을 육체적 쾌락으로 떨치려 합니다. 거부나 두려움이나 고독이나 공허감으로 괴로울 때 육체적 감각을 자극하여 괴로움을 피하고 싶은 유혹을 떨치기란 쉽지 않습니다. 우리는 무료할 때 과자를 먹어 대고, 긴장될 때 뜨거운 물에 몸을 담그며, 고독할 때 자위행위를 합니다. 마음속의 고통을 기분 좋게 바꿔 주는 것이라면 무엇이든 가리지 않습니다.

육체의 감각 가운데 성적 자극과 발산만큼 쾌락과 전율을 주는 것은 없습니다. 자신을 단지 육체로 여기고 몸을 즐겁게 해 주는 것이면 무엇이든 찾으려 한다면 섹스야말로 확실한 보증서입니다. 성적 쾌락의 추구는 강력한 몰두 대상이 될 수 있습니다. 사회에 팽배한 육감적 흥분을 향한 충동적 갈망은 인간을 하나님과 타인으로 더불어 인격적 교제를 나누도록 지음 받은 참된 인격으로 보지 않는 데 그 뿌리가 있습니다.

"남편은 나한테 별로 관심이 없는 것 같다"는 고백과 같이 사랑받지 못한다는 고통을 잊으려 음식이나 새 옷이나 업무로 주의를 돌릴 때가 많습니다. 성적 발산이라는 육체적 쾌락은 참된 안전감이라는 인격적 기쁨을 적어도 그 순간만은 멋지게 대신해 주는 듯합니다.

인격적 중요감에 대한 회의로 평안과 자존감을 잃고 괴로워하는 남자는 섹스를 통한 남성적 성취라는 고통 없는 대용품에 금방 빠집니다. 많은 남자가 아내의 성관계 거부를 혼외정사나 포르노 잡

지나 음란한 공상의 자위행위로 달래려 합니다. 그리고 그것은 과연 어느 정도 먹혀들어 갑니다. 적어도 당장은 짜릿한 기분을 느끼게 해 줍니다.

그러나 성적 쾌락은 거부나 비난으로 인한 인격적 문제를 줄이거나 없애기는커녕 고통을 육체적 감각으로 덮는 역할밖에 하지 못합니다. 뇌종양 환자가 술에 취하는 것과 같습니다. 아무 고통이 없지만 서서히 죽어 가는 것입니다.

해결되지 않은 인격적 문제, 즉 안전감과 중요감의 결핍은 여전히 해결을 요구합니다. 그 요구가 육체적 쾌락에 더 깊이 빠지게 하는 강한 촉진제 역할을 하기도 합니다. 그러면 악순환이 시작됩니다. 인격적 고통을 잊으려 찾았던 성적 쾌락은 우리를 점점 고통에 무감각하게 만들어 결국 의식 속에서 아예 고통을 몰아냅니다. 이제 인격적 문제는 없습니다. 육체적 쾌락만 더 탐할 뿐입니다. 쾌락이 커질수록 인격적 고통은 의식에서 사라지고 육체적 감각에 대한 요구만 강해져 섹스에 더 깊이 빠집니다. 악순환이 계속되다 마침내 완전 타락의 지경까지 이릅니다. 문제를 해결하려고 시작한 노력이 해결은커녕 문제를 더 키운 셈입니다. 죄책감, 합리화, 육욕의 노예, 미해결 상태인 인격적 문제 등 과연 죄의 삯은 사망입니다. 옳은 길 같지만 종말은 인격의 파멸입니다.

단순히 성적 오르가즘의 욕구 때문에 정사(동성연애도 포함)를 벌이는 경우는 거의 없습니다. 물론 그 특유의 긴장감 자체로도 강한 유혹이 될 수 있지만, 섹스의 충동적 매력은 그것이 우리를 비(非)안전감과 비(非)중요감의 집요하고 쓰라린 고통에서 벗어나게 해 줄지 모른다는 기대에서 비롯됩니다. 쾌락의 노예가 된 듯한 우리 사회가 그 증거입니다.

요지는 이것입니다. 섹스는 인격적 문제에 육체적 해답을 제시합니다. 이것은 불행히도 꽤나 잘 먹혀들어 가는 듯합니다. 절정을 느끼는 짧은 신비의 순간, 건강한 정신의 자리에 짜릿한 흥분이 군림합니다. 그리스도 안의 참되고 영원한 인격적 가치에 대한 사탄의 그럴듯한 모조품은 섹스가 주는 한순간의 격렬한 육체적 쾌락입니다. 육체가 성적 흥분에 취해 있는 순간, 인간은 최고의 만족에 도달했으며 그 이상의 기쁨은 없다는 것이 사탄의 논리입니다. 인간이 자신을 비인격적 물체에서 진화한 육체로만 보고 인격적 하나님의 형상대로 지어진 인격으로 보지 않을 때 그 논리는 더욱 힘을 발할 것입니다.

여자에게 한순간 자신을 괜찮은 사람, 진짜 여자, 요구의 대상, 안전한 존재로 느끼게 하는 섹스, 남자에게 당장은 자신을 멋있는 사람, 진짜 남자, 매력의 대상, 중요한 존재로 느끼게 하는 섹스, 이것이 바로 사탄이 내놓는 '흥미를 좇는 섹스'입니다. 사탄은 사랑과 섬김을 바탕으로 한 의미 있는 관계를 가져다줄 수 없습니다. 흥미를 좇는 섹스는 몸놀림에 지나지 않습니다. 육체의 욕망은 채울지 몰라도 인격은 텅 빈 절망의 상태로 남습니다. 인격의 의미가 빠진 육체의 쾌락입니다.

육체적 연합

하나님은 흥미를 좇는 섹스 이상의 것을 주십니다. 그분이 주시는 육체적 연합에는 성적 친밀함을 통한 정당한 육체적 쾌락은 물론 의미까지 포함돼 있습니다. 이 연합에는 육체의 쾌락과 인격의 풍부한 의미가 같이 들어 있습니다. 그것이 어떻게 가능한지 살펴보겠습니다.

하나님의 세상에서 인격의 의미란 결국 하나님의 계획에 대한 동참 여부로 결정됩니다. 모래성처럼 영향력이 오래가지 않고 곧 사라질 것을 짓는 일은 의미가 없습니다. 그러나 무너지지 않는 것을 짓는 일에 동참하는 것은 의미 있습니다. 결혼이란 인격을 짓기 위해 하나님이 정하신 제도입니다. 결혼은 친밀한 관계를 통해 한 불멸의 인간을 섬길 수 있는 기회입니다.

그러므로 결혼의 의미를 즐기려면 배우자를 세우며 섬기려는 결단과 반복적 헌신이 필요합니다. 섬길 기회를 많이 찾아낼수록 결혼 생활은 의미로 가득 넘칩니다. 이것이 앞에서 살펴본 정신적 연합입니다.

상대의 인격적 필요를 채우려다 보면 내 속에도 같은 필요가 있음을 보게 됩니다. 이때가 바로 하나님을 가까이함이 나의 유일한 힘이며 그분만이 나의 필요를 온전히 채우실 수 있다는 믿음을 진지하게 확인해야 할 시점입니다. '그리스도 안에서 나는 안전하고 중요하다'는 점을 사실로 주장하고, 믿음으로 자신을 인격적 필요가 이미 채워진 자로 여기며, 그 모습으로 상대에게 다가가 내 마음에 부어 주신 사랑을 보상의 기대 없이 베풀어야 합니다. 상대

그리스도 안에서 온전해진 자로 서로를 대할수록 부부 사이의 영적 연합은 점점 깊어집니다.

가 사랑과 존경으로 반응하면 내 기분도 좋아지지만 무관심이나 무시나 비판으로 반응하면 내게 상처가 됩니다. 그럴지라도 자신이 그리스도 안에서 온전한 자이기에 상대의 반응에 흔들릴 필요가 없음을 굳게 붙들어야 합니다. 그리스도 안에서 온전해진 자로 서로를 대할수록 부부 사이는 점점 영적 연합이 깊어집니다.

결혼의 인격적 의미는 정신적 연합에 의해 좌우됩니다. 정신적 연합은 영적 연합 없이 불가능합니다. 이 두 연합이 이루어질 때 관계는 생생하고 친밀해집니다. 인격의 가장 깊은 부분까지 접촉하며 공유하게 됩니다. 대화도 "오늘 저녁식사는 뭐요?", "올 휴가는 어디서 보내죠?", "오늘밤 섹스 할까요? 벌써 한 달이나 됐어요" 따위의 일상적 내용에서 좀 더 깊은 쪽으로 발전합니다. 성관계에도 이전과 다른 친밀감이 생깁니다. 정해진 리듬에서 벗어나 매번 색다른 표출이 가능해집니다. 강도는 줄지라도 빈도는 늘어나 점점 연합이 깊어집니다. 비로소 성행위는 이미 누리는 풍부한 인격적 연합 속에서 서로의 육체를 즐기는 시간이 됩니다. 이제 "사랑한다(make love)"는 말보다 "사랑을 표현한다(express love)"는 말이 더 맞습니다. 아가서는 사랑과 헌신으로 연합된 두 남녀의 도취할 듯한 성행위의 쾌락을 노래합니다. 연합되는 두 육체는 이미 연합된 두 인격 속에 보금자리를 폅니다.

잠언은 젊은 남자에게 아무하고나 성적 쾌락을 즐기지 말고 아내와만 온전히 즐기라고 가르칩니다. 성적 쾌락은 성적 쾌락이고,

서로 깊이 사랑하는 두 인격이 영적 연합과 정신적 연합 속에 몸으로 하나 되는 것은 전혀 별개의 문제입니다.

육체적 연합은 한마디로 인격적 의미가 수반되는 육체적 쾌락입니다. 좀 더 자세히 정리하면 이렇습니다.

> **육체적 연합이란**
> - 자신의 필요를 주님께 채움 받고 자신을 배우자의 필요를 채우는 하나님의 도구로 드린 부부가 나누는 성적 쾌락입니다.
> - 배우자에게 육체적 영역에서 최대한의 쾌락을 주려는 섬김의 헌신에서 나오는 성적 쾌락입니다.
> - 감각적 흥분과 성적 만족을 서로 충분히 나누는 성적 쾌락입니다.
> - 부부의 끊을 수 없는 연합 의식을 더욱 깊게 해 주는 성적 쾌락입니다.

육체적 연합의 장애물을 극복하는 법

하나님이 부부에게 섹스를 즐기게 하셨다면 왜 그렇게 자주 섹스는 조화와 흥분과 만족보다 다툼과 권태와 실망을 안겨 주는 것입니까? 세상 바람둥이들의 말을 그대로 믿는다면, 육체의 연합을 위한 부부간의 빈약한 노력보다는 호텔이나 여관에서 마음만 먹으면 얻을 수 있는 흥미를 좇는 섹스가 훨씬 즐거울 것입니다. 그리스도인 아내 앞에서는 발기부전이던 남편이 불신자 애인과는 열정적인 성행위를 하는 사례도 있습니다. 그 경우 성경이 요구하는 도덕은 독신 생활을 꿈꾸게 하는 역할밖에 하지 못합니다.

흥미를 좇는 섹스와 육체적 연합 중 하나를 고르게 한다면 그리스도인이든 아니든 대부분 말할 것도 없이 인격적 의미가 수반되는 성적 쾌락을 택할 것입니다. 그러나 아직도 많은 사람은 의미가 빠진 단순한 쾌락인 흥미를 좇는 섹스나 일체의 연합 없는 상태, 즉 쾌락도 없고 의미도 빠진 성관계를 갖고 있습니다. 많은 그리스도인이 기존의 재미없는 관계와 성적 좌절을 뒤로한 채 최소한의 흥미를 찾아 도덕의 선을 넘어 딴 세상을 넘보고 있습니다. 정말 놀라운 일이 아닐 수 없습니다.

우리 사회에 성적 쾌락이 만연해 있음은 두말할 것도 없습니다. 흥미를 좇는 섹스를 원하는 이들에게 결혼에 대한 성경적 연합의 개념은 사실상 어떤 종류의 인격적 관계의 개념도 필요 없습니다. 많은 그리스도인 부부를 낙심케 하는 일이지만, 종종 인격적 관계를 이루려는 노력이 성적 쾌락을 더하기보다 오히려 방해하는 것도 사실입니다. 섬김의 헌신을 실천하려는 결단으로 서로 어렵게 마음을 열다가 도리어 갈등과 치유되지 않은 상처, 성적 불씨를 꺼뜨리는 경직된 긴장에 부딪치곤 합니다.

왜 이래야 합니까? 하나님은 배우자가 아닌 이성과의 섹스를 금하셨습니다. 그런데 친밀한 관계를 이룸으로써 결혼 서약을 지키려는 바로 그 노력이 성적 쾌락을 방해합니다. 그럼에도 여전히 하나님은 우리가 성장하는 인격적 관계 속에서 성의 기쁨을 경험하기 원하십니다. 지금부터 왜 결혼이 성적 쾌락의 경험에 최악의 장이 될 수 있으며 어떻게 그것을 육체적 연합을 이루는 완벽한 장으로 바꿀 수 있는지 살펴보려 합니다.

한때 뜨거운 논의를 불러일으킨 매스터즈(Masters)와 존슨(Johnson)의 참신한 연구를 필두로 최근 몇 년 사이 인간의 성적 대응 양상에 대해 활발한 연구가 이루어지고 있습니다.[1] 이 광범위한 연구를 통해, 인간의 성적 흥미를 떨어뜨리고 정상적 유형의 성적 자극과 오르가즘의 발산을 방해하는 데 크게 세 가지 상호 연관된 주요 문제가 있다는 개념이 대두되었습니다. 세 가지 문제란 다음과 같습니다.

1. **개인의 문제:** 섹스와 관련된 과거의 정서적 상처, 예컨대 강간, 근친상간, 성적 호기심에 대한 처벌 등에서 비롯된 개인의 콤플렉스나 심리적 억압을 말합니다.
2. **관계의 문제:** 대화 문제, 분노와 적개심, 거부에 대한 두려움, 과거에 대한 죄책감 등에서 비롯된 두 사람 관계의 긴장을 말합니다.
3. **기술의 문제:** 성관계를 맺는 법, 욕구와 자극과 절정을 높이는 법 등에 대한 적절치 못한 지식을 말합니다.

이 중에서 가장 쉽게 고칠 수 있는 것은 기술의 문제입니다. 다른 두 문제는 다루기 힘든 인격의 요소가 개입돼 있어 감정을 극복하는 작업이 필요하며, 그만큼 깊은 통찰과 고통이 따릅니다. 사람들이 육체적 연합이라는 좁고 험한 먼 길을 떠나 흥미를 좇는 섹스

---

1. William H. Masters and Virginia E. Johnson, *Human Sexual Responses* (Boston: Little, Brown &, Co.,1966).

라는 넓고 편한 지름길을 찾는 한 가지 확실한 이유가 바로 거기에 있습니다.

물론 그리스도인은 그 길을 택해서는 안 됩니다. 성적 쾌락의 기초로 관계를 세우는 수고를 기꺼이 감당하는 것이 우리의 사명입니다. 흥미를 좇는 섹스는 하나님이 주시는 것이 아닙니다. 그분은 모조품에 서명하신 적이 없습니다. 그분은 우리가 육체적 연합에 이르는 좁은 길을 능히 갈 수 있도록 필요한 모든 자원을 공급해 주십니다. 그 자원이란 무엇입니까? 그리스도께서 육체적 연합의 세 가지 장애물을 극복하라고 주신 무기가 무엇인지 살펴보겠습니다.

개인의 문제

소위 '정서적 콤플렉스'나 '심리적 장애'는 모두 채워지지 않은 인격적 필요에서 비롯되는 증상입니다. 신뢰나 개방이나 결단이나 휴식이 두려운 자는 한 번도 그리스도 안에서 안전감과 중요감을 깊이 경험하지 못한 자입니다. 겉으로는 심리적 문제로 나타나지만 실제로는 자신의 가치에 대한 필요가 충족되지 않은 것입니다. 이 필요가 채워지지 않는 이유는 하나님을 말씀 그대로 받아들이지 못하고 자기가 그리스도 안에서 이미 안전하고 중요하다는 사실을 붙들지 못하기 때문입니다. 예를 들어 보겠습니다.

한 소녀가 아버지에게 성추행을 당합니다. 혼란스럽고 고통스러운 경험을 통해 소녀는 남자란 상처 주는 자이며 결코 믿어서는 안 된다는 사실을 배웁니다. 그리하여 자신의 안전감의 필요는 채워질 수 없으며 늘 남자를 멀리하며 자신을 보호해야 한다는 신념 속에 자랍니다.

어느 날 이 여자가 결혼합니다. 남편은 첫날밤을 고대합니다. 남편이 접근하자 문제가 터집니다. 여자는 안으로 얼어붙습니다. 불안하고 긴장됩니다. 남편은 애써 참지만 끝내 실망과 좌절을 숨길 수 없습니다. 여자는 끔찍한 기분이 들면서도 자신의 문제가 무엇인지 모릅니다. 시간도 도움이 안 됩니다. 몇 달이 지나도 여자는 변함없이, 오히려 점점 더 성관계를 거부하며 감정적 고통을 피하는 데만 신경 씁니다. 남편은 마지못해 몇 번 더 시도하다 포기합니다. 여자가 죄책감에 못 이겨 억지로 '봉사할' 때 기계적으로 관계에 응하는 정도입니다. 교회에 함께 나와 나란히 앉아 있어도 둘 사이에 따뜻함이 없습니다. 부부의 연합이란 고작 찬송가를 같이 보는 정도입니다. 이들에게 즐겁고 만족스런 섹스란 꿈속의 일입니다. 비극의 시작은 개인, 이 경우에는 아내의 문제입니다.

여자의 문제의 핵심을 잘 보십시오. 여자는 남편에게 자신을 내주다 남편이 뜻밖의 반응을 보일 경우 비(非)안전감의 고통이 닥쳐올 거라는 잘못된 신념 때문에 두려움에 빠져 있습니다. 여기서 여자의 문제를 어린 시절의 성추행으로 규정해서는 안 됩니다. 물론 그것은 끔찍한 일입니다. 그러나 진짜 피해는 자신의 믿음에서 비롯됩니다. 지금까지 여자의 인생은 성관계가 한 여자로서 자신의 안전감에 중대한 위협이 될 거라는 가정에 지배당했습니다.

이것은 잘못된 가정입니다. 사랑받고 싶고 관계 속에서 안전감을 느끼고 싶은 기본적 필요는 그리스도 안에서 다 채워졌습니다.

그럼에도 불구하고 여자는 이 진리에 근거해 살지 않습니다. 아직도 자신의 안전감을 채워 줄 사람으로 남편을 의지합니다. 그러나 가까워질수록 비안전감이 커질 거라는 신념 때문에 남편을 늘 멀리하려 했고 그 결과 육체적 연합이 불가능해졌습니다.

문제의 해답은 여자에게 남편이 해치지 않는다는 확신을 심어 주는 것이 아니라 성적 친밀함이 사랑의 필요에 중대 위협이라는 신념을 바꿔 주는 것입니다. 여자의 사랑의 필요가 하나님의 사랑으로 채워졌다면 남편의 거부가 아픔일 수 있어도 위협일 수는 없습니다. 그리스도의 변치 않는 신실함으로 여자의 안전감의 필요는 여전히 채워진 상태입니다.

이제 여자는 바로잡은 신념을 바탕으로 자신을 지켜 줄 주님의 사랑만 의지하며 안전한 위쪽에서 두려운 낭떠러지 아래로 뛰어내려야 합니다(2장의 비유 참고). 내가 이 여자를 상담한다면, 앞으로 절대 거부의 두려움 때문에 남편을 피하지 않기로 결단할 것을 촉구할 것입니다. 다음 단계는, 두려운 일을 실행에 옮기기 위해 신중하게 행동 계획을 세우는 일입니다. 낭떠러지에서 뛰어내리는 실제적 측면이 될 것입니다. 아버지와의 관계를 해결해야 할지도 모릅니다. 또한 섹스를 위해 남편에게 접근해야 합니다. 남편이 소파에서 텔레비전을 볼 때 혼자 부엌일을 할 게 아니라 남편 옆에 붙어 앉아 있으라는 과제를 낼 수도 있습니다.

내가 상담했던 한 여자는 텔레비전을 볼 때 남편의 허벅다리에 손을 올려놓기로 했습니다. 나는 여자에게 자꾸 이렇게 스스로 반복해 말하라고 했습니다. "주님, 지금 남편이 팔을 뻗어 이 이상의 것을 요구할지 모른다는 생각에 두렵습니다. 그러나 제가 주님으로 말미암아 안전하며 주님께 사랑받는 존재임을 믿습니다. 이제 아무리 두려워도 남편이 뭘 원하든 그대로 섬기려 합니다."

다음 상담 시간에 여자가 들려준 내용은 이런 것입니다. 안전하게 물러서 있을 수 있는 낭떠러지 위쪽에서 더럽게 이용당하는 느낌이 드는 아래로 뛰어내리기로 결심하는 순간 하나님의 사랑의 진리가 여자의 머릿속 깊이 구멍을 뚫는 것 같았습니다. 거기에는 그리스도의 사랑의 밧줄이 단단히 묶여졌습니다. 파멸은커녕 전혀 다치지 않고 말짱했습니다. 이용당한다는 느낌 대신 유익한 존재라는 느낌이 들었습니다.

이렇듯 개인의 문제는 채워지지 않은 인격적 필요의 증거로 볼 수 있습니다. 인격적 필요가 채워지지 않는 이유는 첫째, 그리스도 안에서 자신이 안전하고 중요하다는 사실을 믿지 않거나 둘째, 두려움에 부딪쳐 믿음을 구사하지 못하고 두렵다고 망설이기 때문입니다.

개념을 정리하면, 육체적 연합을 방해하는 개인의 문제의 해답은 먼저 영적 연합을 이루는 것이라고 단언할 수 있습니다. 그리스도께서 자신의 인격적 필요를 채우신다는 사실을 믿고, 아무리 두려워도 옳은 일이라면 기꺼이 행함으로써 그 믿음을 드러내야 합니다.

관계의 문제

육체적 연합을 방해하는 두 번째 장애물은 대인관계와 관련된 것입니다. 부부간의 긴장은 개인에게서 시작되지만 그래도 부부가 함께 해결해야 합니다.

자신의 본질적 필요를 채우실 분으로 주님을 온전히 믿지 못하는 자는 필연적으로 타인을 향할 수밖에 없습니다. 이런 사람은 주변 사람과 사물의 세계를 어떻게든 자신에게 만족이 되는 방향으로 바꾸려는 목표를 세웁니다. 이때 내 마음에 안 드는 것을 마음에 들게 바꾸려는 시도인 조작의 목표에 발동이 걸립니다. 남편은 아내가 날씬하고 잔소리 안 하고 잠자리에서 협조적이고 자기 말에 순종하는 사람이 되게 하려 합니다. 아내는 남편이 집에 일찍 들어오고 집안일을 잘 거들고 좀 더 낭만적이고 아이들과 많은 시간을 보내며 감정을 솔직히 표현하는 사람이 되게 하려 애씁니다.

조작적 목표는 아주 합리적인 것처럼 보입니다. 예를 들면 "남편이 집에서 많은 시간을 보내야 하는 것 아닌가요?"처럼 말입니다. 그러나 이 목표의 가장 큰 문제는 "통제할 수 없는 목표에는 책임지지 말라"는 정신세계의 기본 법칙에 하나같이 위배된다는 점입니다. 상대의 반응을 온전히 통제할 수 있는 사람은 없습니다. 영향은 미칠 수 있으나 통제는 불가능합니다.

배우자는 조작당하는 것을 거부할 수 있습니다. 상대를 변화시키려는 나의 노력이 효과를 낸다는 보장이 없습니다. 물론 자꾸 압력을 가하면 달라질지 모릅니다. 그러나 내가 바라는 것과는 정반대 방향의 변화일 때가 많습니다. 그러면 우리는 어떻게 해야 합니까?

목표가 이루어지지 않을 때 인간은 분노, 불안, 죄책감을 느낍니다. 남편의 목표가 자신이 내린 결정에 아내의 지지를 얻는 것이라 합시다. 아내가 "뭐가 어째요"와 같은 전혀 딴소리를 한다면 남편은 분노를 느낄 것입니다. 아내가 목표를 망쳐 놓았기 때문입니다.

나의 필요를 채우려 상대를 조작하려는 목표를, 상대의 필요를 채우려 내가 섬긴다는 목표로 과감히 바꾸십시오.

아내의 목표가 남편의 부드럽고 자상한 대우라 합시다. 과거에 남편은 사람들 앞에서 아내에 대해 가슴 아픈 말을 많이 했습니다. 부부 모임에 갈 때마다 아내는 남편이 또 무슨 말을 할까 불안해집니다. 타인의 태도에 좌우되는 조작적 목표 때문에 불안을 느끼는 것입니다.

이번에는 완벽주의자 부모 밑에서 자란 남자를 생각해 봅시다. 그의 목표는 아내와 아이들을 결코 실망시키지 않는 것입니다. 가족들에게 언제나 성숙한 신앙의 본을 보여야만 자신이 가치 있는 존재가 된다고 믿습니다. 짐이 무거운 이 남자는 가족들을 실망시킨 것 같을 때마다 죄책감이 듭니다. 가령 놀고 싶어 하던 아이들이 "아빠, 오늘은 아빠가 피곤하니까 공놀이는 내일 해요"라는 반응을 보일 때 그런 기분을 느낍니다. 목표가 도달 불가능한 것임에도 무조건 자기 탓으로 돌리는 것입니다.[2]

이 세 부정적 감정은 모두 성적 자극을 억제하는 경향이 있습니다. 배우자에게 분노와 성욕을 동시에 느낀다는 것은 어려운 일입

---

2. 잘못된 목표가 어떻게 분노와 불안과 죄책감을 불러일으키는지에 대해서는 *Effective Biblical Counseling*을 참조하십시오.

니다. 배우자와 관련해 불안이 있다면 성적 흥분 유발에 중요한 요소인 편안하고 차분한 마음 상태를 갖기 어렵습니다. 마찬가지로 마음을 짓누르는 죄책감도 성적 흥분을 억제합니다.

요컨대 즐거운 성생활을 방해하는 관계의 문제는 조작적 목표에 원인이 있습니다. 대화의 어려움, 시간 부족, 솔직한 나눔의 실패 등은 모두 이 이기적 목표의 결과입니다. 나의 필요를 채우려 상대를 조작하려는 목표를 상대의 필요를 채우려 내가 섬긴다는 목표로 과감히 바꾸십시오. 이 변화가 일어날 때 세 가지 파괴적 감정은 서서히 사라질 것입니다. 왜 그렇습니까?

1. 섬김의 목표는 배우자로 인해 방해받을 수 없습니다. 그러므로 배우자에게 분노를 느낄 일이 없습니다.

2. 섬김의 목표는 본인의 의지에 의해서만 성취 여부가 좌우됩니다. 따라서 상대가 어떻게 나올까 하는 불안이 사라집니다.

3. 주님의 뜻대로 배우자를 대한다는 목표는 도달 가능한 것입니다. 적어도 기본 방향은 고수할 수 있습니다. 누구나 실패할 수 있지만 자백과 용서, 회개와 능력의 자원이 있기에 언제고 다시 시작해 계속 성장할 수 있습니다. 그러니 죄책감에 시달릴 이유가 전혀 없습니다.

육체적 연합의 장애물을 극복하려면 부부 관계에서 자신의 목표를 매순간 점검하여 잘못된 조작의 목표는 자백한 뒤 버리고 올바른 섬김의 목표를 취하는 작업을 계속해야 합니다. 그것이 정신적 연합을 이루는 과정입니다. 분명 육체적 연합은 영적 연합과 정신적 연합의 연장으로만 존재할 수 있습니다. 자신에게 성적인 문제가 있다면 우선 영적 연합과 정신적 연합을 잘 이루고 있는지 점검해 보십시오.

기술의 문제

자신의 인격적 필요를 채우시는 분으로 하나님을 의지하며 서로 섬기며 헌신하지만 여전히 좋은 성관계를 누리지 못하는 부부가 있습니다. 이런 경우에는 섹스의 기술에 대한 지식이 모자라거나 정확하지 못해서일 때가 많습니다.

복잡한 성 기능을 이해하여 멋지고 숙련된 성 상대가 되는 것은 영적인 주제가 못된다고 생각하는 이들이 있습니다. 그러나 성적 자극법과 상대를 만족시키는 법에 대한 무지는 성의 창조주이신 하나님께 조금도 영광 돌리는 일이 아닙니다.

놀랍게도 아내를 자극하여 만족시키는 법을 전혀 모르는 남자가 아주 많습니다. 여자의 주 성감대는 질이 아니라 클리토리스라는 사실을 모릅니다. 여자는 감미롭고 부드러운 애무를 원한다는 사실도 모릅니다. 여자란 '얼른 해치우는' 방식보다 낭만적 전희를 바란다는 사실도 모릅니다.

한편 분위기 있는 의상과 같은 시각적 자극의 위력을 모르는 여자가 많습니다. 자신의 마지못한 수락, 기계적 응대, 신경질적 거부가 남자한테 주는 위협이 어떤 것인지 모릅니다. 남자가 사정을 늦추는 것을 어떻게 도와야 하는지, 기술적 문제에도 무지합니다.

성 문제의 본질적 부분을 탁월하게 설명한 두 권의 책을 추천하고 싶습니다. 팀 라하이와 베벌리 라하이의 『아름다운 애정생활』과 에드 위트와 게이 위트의 『쾌락을 위해 만들어진』입니다. 성경적 시각에서 본 성 문제 전반에 대한 내용이 자세하고 명쾌하면서도 재미있게 잘 나와 있습니다.[3]

매스터즈와 존슨, 카플란 등의 일반 서적에도 성경적 안목은 아니지만 성의 생리와 기술, 다양한 성 문제에 대한 정확한 진단이 잘 나와 있습니다. 옳고 그름을 분별할 줄 아는 성숙한 그리스도인이 신중하게 이런 책들을 읽는다면 부부 관계에 실제적 도움이 되리라 봅니다.[4]

영혼과 정신의 연합을 표현하는 성적 쾌락의 경험인 육체의 연합은 결혼의 전인적 연합을 위한 하나님의 계획의 한 부분입니다. 영적 연합과 정신적 연합과 육체적 연합, 이 세 연합을 모두 이루어 가는 결혼은 그리스도와 그의 신부인 교회의 영원한 연합에 대한 살아 있는 비유가 될 것입니다.

1부의 내용을 정리하면 결혼의 목표는 다음과 같습니다.

---

3. *The Act of Marriage* (Grand Rapids: Zondervan, 1976); *Intended for Pleasure* (Old Tappan, N.J. : Fleming H. Revell, 1977, rev. 1981).

4. William H. Masters and Virginia E. Johnson, *Human Sexual Response* (Boston: Little, Brown & Co., 1966); and *Human Sexual Inadequacy* (New York: Bantam, 1980). Helen Singer Kaplan, *The New Sex Therapy: Active Treatment of Sexual Dysfunctions* (New York: Times Books, 1974); *Making Sense of Sex* (New York: Simon & Schuster, 1979); and *The Disorder of Sexual Desire* (New York: Simon & Schuster, 1979).

- 영적 연합: 자신의 안전감과 중요감의 인격적 필요를 채우실 수 있는 분으로 오직 그리스도만 의지하는 것입니다.
- 정신적 연합: 상대가 그리스도 안에서 자신의 가치를 깊이 실감할 수 있도록 배우자를 섬기는 것입니다.
- 육체적 연합: 인격적 관계의 표현과 연장으로 성적 쾌락을 즐기는 것입니다.

결 혼 건 축 가
The Marriage Builder

그리스도인의 결혼 건축은
하나님을 위해 살기로 다짐할 때
반드시 좋은 열매가 맺힌다는 확신에서 시작됩니다.

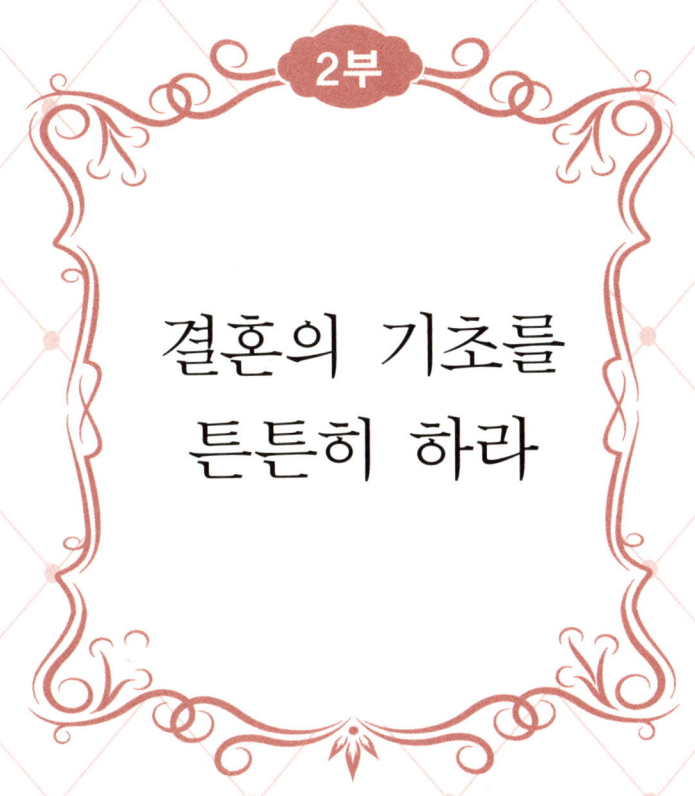

2부
결혼의 기초를 튼튼히 하라

머리말
결혼 건축의 필수 재료

6장
결혼의 기초 1 _은혜

7장
결혼의 기초 2 _헌신

8장
결혼의 기초 3 _수용

머리말

결혼 건축의 필수 재료

그리스도인의 결혼 생활만 본다면 기독교는 분명 형편없는 종교로 비춰질 것입니다. 세속적 가치와 인간의 힘으로 행해지고 유지되는 세상의 결혼과 별로 다를 바 없기 때문입니다. 결혼을 통해 그리스도의 사랑과 능력을 제대로 드러내려면 먼저 알아야 할 것이 있습니다. 기독교가 세상에 보여 줄 것은 우리가 꾸준히 전인적 연합, 즉 영혼의 연합, 정신의 연합, 육체의 연합을 향해 나아가고 있다는 사실뿐이라는 것입니다.

그리스도인 부부에게는 불신자의 성공적 결혼을 훨씬 능가하는 깊은 친밀함을 이룰 수 있는 자원이 있습니다. 그럼에도 불구하고 너무 많은 그리스도인이 상호 묵인과 현상 유지의 수준을 벗어나지 못하고 있습니다. 결혼에 대한 하나님의 계획을 이해하기 위해

1부에서는 성경적 결혼관을 생각해 보았습니다.

1부의 내용을 건축가의 청사진이라 한다면 이제 그 결혼의 건물이 완성된 모습을 그려 볼 수 있습니다. 남아 있는 중요한 문제는 하나님의 그림을 경험 가능한 생생한 실체로 옮기는 일입니다. 사람에 따라 이 문제가 더 크게 느껴질 수도 있지만 결코 누구에게도 불가능한 일은 아닙니다.

첫 단계는 청사진을 건축가에게 맡기는 일입니다. 그러면 건축가는 설계도를 훑어보며 이 건물을 완공하려면 정확히 어떤 재료가 필요한지 결정합니다. 이것이 2부에서 다루려는 내용입니다. 지금부터 전인적 연합의 관계를 건설하기 위해 결혼이라는 건축 현장에 필요한 건축용 블록이 무엇이지 살펴보려 합니다.

상담실을 찾는 많은 이에게 행복한 결혼의 필수 요소를 물었습니다. 대답은 사람 수만큼이나 많았습니다. 내가 보기에 비참할 정도로 많은 부부가 참된 연합을 이루지 못하는 것은 노력이 부족해서가 아니라 건축용 블록이 잘못됐기 때문입니다. 뛰어난 기술을 가진 목수가 아무리 망치를 힘껏 정확히 내리쳐도 나무와 못이 없으면 허사입니다.

관계에 필요한 블록은 성실함, 정직한 노력, 충분한 기대, 따뜻한 느낌, 공동의 신념, 대화술 등 얼마든지 많지만, 몇 가지 기본 블록 없이는 진정한 결혼의 연합의 목표를 이룰 수 없습니다.[1]

---

1. 전혀 성경적 목표가 아니라면(예: 각자 자기 삶을 즐기는 부부) 이런 기본 자재 없이도 성취가 가능합니다. 이 책은 바른 목표로 하나님이 주시는 것을 온전히 받으려는 이들을 위해 쓰여진 것입니다.

그렇다면 결혼 건축의 필수 블록은 무엇입니까? 어디서나 쉽게 구할 수 있는 것입니까? 주문서를 보낸 뒤 도착할 때까지 얼마나 기다려야 합니까? 값은 얼마입니까? 너무 비싸 영적 부자들밖에 살 수 없는 것은 아닙니까? 조립 안내서는 너무 어려워 결혼 건축 전문가나 이해할 수 있는 것 아닙니까?

하지만 걱정하지 마십시오. 그렇지 않습니다. 성경을 정확히 읽어 보면 기쁜 소식이 있습니다. 결혼의 건축용 블록은 우선 수적으로 몇 가지 안 됩니다. 쉽게 구할 수 있습니다. 공급은 무궁무진합니다. 값은 무료입니다. 안내서는 마음만 먹으면 누구나 이해할 수 있을 정도로 간단하면서도 성숙한 신자에게는 끊임없이 도전을 줄 만큼 내용이 깊습니다.

결혼의 연합을 짓는 데 필요한 건축용 블록은 다음과 같습니다.

1. 은혜
2. 헌신
3. 수용

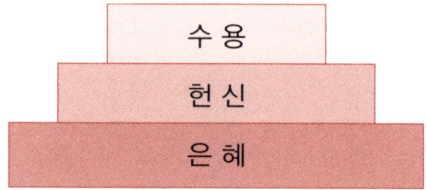

이 세 가지는 그 순서가 무엇보다 중요합니다. 우선 은혜가 없이는 참된 헌신이 있을 수 없습니다. 상대에게 헌신하지 않고는 수용해야 할 때 수용할 수 없습니다. 세 블록을 단계적 순서로 나타내면 위의 그림과 같습니다.

  이 블록이 각각 어떻게 이루어져 있는지 이제부터 세 장에 걸쳐 살펴보겠습니다.

결혼의 기초 1
은 혜

한 집사가 내 앞에 앉아 분노와 절망에 가득 차 고개를 흔듭니다.

"저는 20년이나 교회학교 교사로 봉사했습니다. 기독교 가정에 대해서도 많이 가르쳤습니다. 성경에 대해서라면 선생님도 저 이상 아시지 못할 겁니다. 할 수 있는 한 하나님이 원하시는 최선의 남편, 최선의 아버지, 최선의 집사, 최선의 사업가가 되려고 모든 노력을 다했고, 하나님도 이를 잘 아십니다. 교회나 사업은 다 잘 되었습니다. 하지만 무슨 수를 써도 결혼만은 제 힘으로 안 됩니다.

너무 지쳤고 너무 비참하고 너무 분합니다. 다 끝낼 생각입니다. 실은 딴 여자를 만나고 있습니다. 잘못인 줄 압니다. 하지만 죄에 대해 설교할 생각은 마십시오. 제가 집에서 품고 살아야 하는 좌절을 안다면 선생님도 편안히 얘기 상대가 될 여자가 저한테 얼마나 필요한지 이해할 겁니다. 아직 육체관계는 갖지 않았지만 제가 그걸 원한다는 걸 하나님도 아십니다. 그 여자는 집사람이랑 정말 다릅니다. 이제 집사람과는 다 틀렸습니다. 오랫동안 여러 방법으로 노력해 봤습니다. 결혼한 지 올해로 22년째인데 정말 그동안 한 번도 딴 여자에게 눈길 준 적 없습니다. 주님을 기쁘시게 하고 싶습니다. 정말입니다. 하지만 이제 부부 관계를 원상으로 돌릴 길은 없습니다."

당신이 상담자라면 뭐라고 말하겠습니까? 앞에 말한 결혼의 연합의 개념을 말해 준다면, 모르긴 해도 쓴웃음을 지으며 넌더리를 치듯 고개를 저으며 이렇게 말할지 모릅니다. "좋은 말입니다. 선생님이나 한번 잘 해보시지요. 우리 결혼에는 소용없습니다. 다 해 봤거든요."

아내가 변화되든 말든 성경적 남편이 된다는 목표를 계속 밀고 나가야 한다고 거듭 역설해도 반응은 큰 차이가 없을 것입니다. 멋진 부부 관계는 기도해야 할 갈망이고 좋은 남편이 되는 것은 책임지고 추구할 목표라 말해 줘도 절망이 적극적 협조로 바뀔 것 같지는 않습니다.

무엇이 문제입니까? 희망을 거부하는 이 남자의 태도에 빠진 것은 무엇입니까? 그의 죄의 행동 이면에서 우리는 기본 진리를 믿지 않으려는 마음을 보아야 합니다. 죄의 뿌리는 반항적 불신이며, 반항 행위는 그 가시적 결과에 지나지 않습니다.

문제를 제대로 해결하려면 먼저 그가 그럴듯하게 답하고 있는 핵심 질문부터 짚고 넘어가야 합니다. 지금 절망에 빠진 이 남자는 질문은 좋지만 답이 잘못됐습니다. 그의 질문을 보십시오.

"파국으로 치달은 이 결혼에 무슨 희망이라도 있습니까? 성경적 해결을 위해 더 노력할 이유가 있습니까?"

정당한 질문입니다. 그러나 우리는 이 난해한 질문을 슬쩍 피하거나 얄팍한 동의의 상투적 말로 얼버무리고 싶은 유혹을 느낍니다. 이 남자에게, 그리스도가 필요를 채우셨으니 성경의 명대로 가서 아내 사랑의 도리를 다하라 한다면 좋은 충고는 될지 모르나 귀에 들어오지 않을 것입니다. 그런 충고는 아무 소용없습니다. 결혼 생활을 유지하려면 우선 그것을 의미 있는 일로 믿을 수 있는 어떤 이유가 필요합니다.

한번은 한 경건한 부인이 찾아와 상한 마음을 털어놓았습니다. 남편은 불신자인데 수년 간 한 번도 섹스에 관심을 보인 적이 없었습니다. 여자는 인격적으로 거부당했다는 느낌뿐 아니라 성적 좌절감마저 들었습니다. 기도와 말씀을 통해 좌절감을 죄와 타협하지 않고 잘 처리할 수 있는 힘을 얻은 것까지는 좋았으나, 아무리 따뜻한 애교와 감각적 유혹을 보내도 남편은 조금도 성적으로 자극받는 기미가 없었습니다.

여자는 당혹한 표정으로 물었습니다. "제 성적 욕구는 어떻게 하나요? 몸은 절박하게 만족을 원하고 있는데요."

성적 좌절이라는 이 정당한 문제 밑에는 다음과 같은 더 깊은 의문이 깔려 있습니다. "더 이상 참을 수 없는 상황이다. 내가 알고 싶은 것은 자위행위나 외도를 할 것인가 말 것인가가 아니다. 정말 알고 싶은 것은 이것이 해답 없는 절망의 문제인가 하는 것이다. 만일 절망이라면 기준을 낮춰 타협해서라도 욕구 충족의 길을 찾을 것이다. 절망이 아니고 답이 있다면 계속 도덕적 기준을 지켜야 한다." 성경적으로 살라는 권면이 의미 있는 말로 들리려면 이 의문부터 풀려야 합니다.

또 한 부인은 조심조심 이런 사연을 털어놓았습니다. 이 여자는 존경받는 목사인 아버지로부터 어렸을 때 여러 번 성추행을 당했습니다. 상담 받으러 온 것은 남편이 성관계를 가지려 접근할 때마다 얼어붙는 자신의 반응을 해결하기 위해서였습니다. "남편에게 내 몸을 줄 수 없을 것만 같아요. 그래야 하는 줄 알아요. 남편과 영적, 정신적, 육체적으로 하나 되고 싶고, 낭떠러지에서 뛰어내려 어려운 일을 과감히 시도하라는 선생님 말씀도 들었지요. 정말 그대로 해봤어요. 그리고 남편도 놀랄 만큼 잘 참아 주었어요. 하지만 아무런 진전도 없어요. 이러기를 6년째예요. 도대체 어떻게 해야 이 상황이 좋아질지 정말 모르겠어요. 아버지가 지은 죄의 영향이 이토록 깊은 거예요."

이럴 때 하나님이 자신의 필요를 채우신 것을 기억하며 다시 남편에게 성적으로 접근하라고 권하는 것은 문제의 핵심을 놓치는 것입니다. 여자의 진짜 물음은 "어떻게 해야 되나요?"가 아니라 "희망이 있나요?"입니다.

여기 절망한 남편, 좌절한 아내, 아버지의 죄에 희생자가 된 여자가 던지는 난감한 질문이 있습니다. 이런 싸움은 '다 잘될 것이다', '더 열심히 노력하면 하나님이 복 주신다', '죄책감을 털고 도리대로 하라'는 식의 반응으로는 결코 수그러들지 않습니다. 더 깊은 물음은 여전히 남아 있습니다. "더 이상의 순종에 아직도 의미가 있는가, 아니면 이 절망으로 끝인가?"

정직히 자신을 돌아볼 때 구제 불능처럼 보이는 나락에 떨어진 적 없는 결혼이 과연 있을까요? 나는 지금까지 그런 결혼을 보지 못했습니다.

내 경우만 하더라도 부부간의 벽이 너무 높고 두터워 도저히 뛰어넘거나 무너뜨릴 수 없을 것 같던 순간이 여러 번 있었습니다. 희망을 품기가 참 어렵다는 것을 알았습니다. 연합을 방해하는 장벽이 언젠가는 무너진다고 믿기가 참 쉽지 않았습니다.

이런 절망적 질문에 부딪힐 때 어떻게 해야 합니까? 시험에 떨어질 거라고 생각하는 학생에게는 공부 방법에 대한 조언이 아무 도움도 못 됩니다. 좋은 날이 올 것을 믿지 않는 한 성경의 교훈을 따르는 삶이 의미 있게 다가올 수 없습니다.

결혼의 책임이 재미없는 의무가 아니라 멋진 기회로 보이려면 우선 기본적인 태도를 절망에서 희망으로 바꾸어야 합니다. 그 변화가 가능하려면 앞에서 나온 난감한 질문에 정확히 답할 수 있어야 합니다.

죄의 파괴력으로 모든 관계가 뒤틀린 세상에서 우리의 희망의 기초는 하나님의 은혜밖에 없습니다. 주변 상황이 아무리 잘못돼도 우리에게는 언제나 책임감 있게 살아야 할 이유가 있다는 온전한 확신이 그리스도인의 삶에 필수입니다. 그러나 불행히도 많은 부부가 하나님이 한 번도 희망의 기초로 주신 적 없는 약속을 붙들고 있습니다. 예컨대 자기가 최선을 다하면 하나님이 배우자를 사랑 많은 그리스도인으로 바꾸실 줄로 믿습니다.

그러나 우리 삶의 이유는 결코 '다 잘 풀릴 것이다', '하나님이 남편을 구하시고 술을 끊게 하실 것이다' 따위의 보장에 있지 않습니다. 그리스도인의 소망은 인간의 변화에 제한되지 않습니다. 그것은 필연적으로 하나님의 은혜에 뿌리를 두고 있습니다.

히브리서의 몇몇 구절(특히 6:18-19)을 인용하여 우리 영혼의 닻 되시는 그리스도 안의 확실한 소망에 대해 역설하기는 쉽습니다. 그러나 깊은 절망이 만성화되어 만사가 귀찮은 상태라면 성경 본문을 기도하는 마음으로 잘 택하여 읽으십시오. 그럴 때에 비로서 놀라운 하나님의 은혜에 뿌리를 둔 소망을 보는 눈이 열릴 것이며, 그리하여 연합의 건설을 위한 첫 번째 건축용 블록을 제 위치에 쌓을 수 있게 됩니다.

그러나 주님께서 결혼 생활의 변화를 약속하시지 않았다는 사실을 잊지 마십시오. 그리스도인의 소망은 배우자의 변화나 건강 회복이나 재정 상황 호전에 있지 않습니다. 하나님은 환경을 우리 소원대로 바꾸겠다고 약속하시지 않습니다. 깊으신 뜻 가운데 그런 사건을 우리 삶에 허락할 것을 약속하실 뿐입니다. 배우자를 내 뜻대로 바꾸기 위해서가 아니라 오직 하나님을 기쁘시게 하려는 뜻으로 인생의 사건을 맞이하는 것이 우리의 책임입니다. 남편이 성경대로 산다고 아내도 그렇게 하리라는 보장은 없습니다. 상대가 이혼을 청하든 음주를 일삼든 날로 잔소리를 늘어놓든 우리는 여전히 인내하며 순종할 이유가 있습니다.

부부가 둘 다 희망의 기초 위에서 성경적 삶을 살기 위해 진지하게 노력한다면 최악의 결혼도 분명히 회복될 수 있습니다. 한 쪽만의 노력이든 공동 노력이든 분명 소망을 가질 이유가 있습니다. 그것은 하나님의 은혜라는 진리에 깊이 뿌리박고 있습니다.

하나님의 임재

마태복음 26장 65절은 아주 특이한 구절입니다. "이에 대제사장이 자기 옷을 찢으며 이르되 그가 신성 모독 하는 말을 하였으니 어찌 더 증인을 요구하리요 보라 너희가 지금 이 신성 모독 하는 말을 들었도다." 주님께서 이스라엘 대제사장 앞에서 재판을 받습니다. 대제사장은 그리스도에게 자신이 하나님의 아들인지의 여부를 분명히 밝히게 합니다. 주님께서 그렇다고 시인하시자 대제사장 가야바는 즉시 옷을 찢습니다. 왜 옷을 찢습니까? 그 행위에는 어떤 의미가 있습니까?

성경에는 옷을 찢는 사건이 많이 나옵니다. 하나님이 가나안에서 승리하게 하실 것을 이스라엘 백성이 믿지 않자 여호수아와 갈렙은 옷을 찢습니다(민 14:6). 전쟁에서 돌아올 때 자신을 처음 맞으러 나오는 사람을 번제로 드린다고 경솔히 서원했던 입다는 정작 처음 나온 자가 자기 딸인 것을 보고 옷을 찢었습니다(삿 11:35). 바울과 바나바도 루스드라 사람들이 기적을 보고 자신들을 신으로 경배하려 하자 옷을 찢었습니다(행 14:11-14).

얼마든지 예가 많지만 이 정도로 충분합니다. 옷을 찢는다는 것은 슬픔과 비통을 표현하는 방식입니다. 여호수아와 입다와 바울에게 있어 이스라엘 백성의 불신, 자기 딸을 번제로 드려야 하는 비극, 인간의 왜곡된 경배는 모두 옷을 찢게 할 만큼 중대한 사건이었습니다.

> 부부가 둘 다 희망의 기초 위에서 성경적 삶을 위해 진지하게 노력한다면 최악의 결혼도 분명히 회복될 수 있습니다.

그런데 성경에는 아무리 비참한 상황에서도 절대 옷을 찢어서는 안 된다는 하나님의 특명을 받은 이들이 있습니다. 모세 율법에 보면 하나님의 제사장은 신성 모독의 현장을 보았을 때만 옷을 찢을 수 있다는 특별 계명이 있습니다. 하나님은 제사장의 옷을 꿰매는 법을 지시하실 때 우연히 찢어질 가능성조차 최대한 배제하셨습니다(출 28:32, 39:23, 레 21:10). 예수님의 재판 때 가야바가 옷을 찢을 수 있는 이유는 하나뿐이며, 그것은 곤경에 대한 개인적 슬픔이 아닙니다.

여호와께서 아론의 두 아들을 죽게 하시자 모세는 급히 아론에게 말합니다. "…옷을 찢지 말라 그리하면 너희가 죽음을 면하고…"(레 10:6). 자식의 죽음과 같은 비극을 당하여 옷을 찢는 것은 제사장이 아닌 이들에게는 지극히 자연스런 일입니다. 그러나 하나님의 제사장인 아론에게는 그것이 죄입니다. 왜 그렇습니까? 요시야 왕은 옷을 찢음으로써 하나님의 마음을 움직여 하나님께서 복을 내리시게 했건만(대하 34:27-28) 왜 아론은 그렇게 하면 죽음을 면치 못한다는 것입니까? 왜 왕이나 다른 지도자는 옷을 찢어도 벌을 받지 않는데 (오히려 종종 복을 얻는데) 제사장만은 옷 찢는 것이 금지돼 있습니까?

답은 제사장에게만 주어진 특권에서 찾을 수 있습니다. 구약 시대에는 제사장들만 장막의 성소에 들어갈 수 있었고, 여호와가 임재하시는 지성소에는 대제사장만 일 년에 한 번 들어가게 되어 있었습니다. 그 임재 앞에 선다는 것이 어떤 것인지 아는 자는 대제사장뿐입니다. 거룩하신 하나님의 공의의 심판을 막고자 속죄소에 희생양의 피를 뿌릴 수 있는 자도 대제사장뿐입니다. 오직 그만이 하나님 앞에 서고도 죽음을 면할 수 있었습니다.

이 특권을 옷을 찢지 말아야 할 책임과 연관시켜 보십시오. 옷을 찢는다는 것은 재난에 대한 깊은 절망의 문화적 표현 방식이었음을 기억하십시오. 교훈은 분명합니다. 하나님의 임재 앞에 선 자는 어떤 일도 재난으로 여길 수 없다는 것입니다.

이 진리는 이렇게 표현할 수도 있습니다. 하나님의 임재를 의식하며 사는 자는 어떤 일을 당해도 절망할 필요가 없습니다. 제사장이 개인적 슬픔 때문에 옷을 찢을 수 있다면 그것은 곧 인생에는 하나님이 해결하실 수 없는 문제가 있음을 명백히 시인하는 것과 같습니다. 사실이 아닙니다. 사랑이신 하나님, 영원하신 하나님, 역사의 흐름을 주관하시며 동시에 그 백성의 마음에 거하시는 인격적 하나님, 그분은 어떤 상황에도 충분한 해답이 됩니다. 그분을 이길 수 있는 것은 없습니다. 그분의 지배력 바깥에 있는 문제란 없습니다. 우리 인생에 그분의 은혜로 충분치 않은 사건이란 존재하지 않습니다. 이 하나님께 직접 나아갈 수 있는 자라면 절망할 수 없습니다. 절망이란 하나님을, 나의 상황에서 영원한 선을 이루기에는 무능한 자로 여기는 것입니다.

신약 시대 성도에게 계시된 가장 놀라운 진리 중 하나는 그리스도의 몸의 지체인 우리는 모두 제사장이라는 사실입니다(벧전 2:5). 우리는 하나님의 보좌에 담대히 나아갈 수 있는 자입니다. 하나님이 우리의 문제를 이해하시고 고난을 체휼하시며 당신의 정하신 뜻과 우리의 복을 위해 능히 환경 속에서 역사하시는 분임을 확신하며 그분께 나아갈 수 있습니다. 구속받은 성도인 우리는 제사장 직의 특권을 누리는 자이기에 결코 옷을 찢어서는 안 됩니다. 어떤 상황도 절망할 만큼 힘들거나 어렵다고 생각해서는 안 됩니다.

인생의 사건이 우리를 넘어지고 주저앉게 할 때, 그때가 바로 제사장권을 행사하여 하나님의 은혜의 보좌 앞에 나아갈 때입니다. 선택은 우리에게 달려 있습니다. 절망 중에 옷을 찢으며 고통의 해방만 정신없이 찾아 헤맬 것인지 하나님의 은혜를 온전히 의지하며 주를 위해 살기로 한 첫 헌신에 일체의 타협을 거부할 것인지, 선택은 우리의 몫입니다.

얼마나 놀라운 은혜입니까! 인간은 자신이 지은 모든 죄의 결과를 그대로 당해야 하는 존재요 모든 선한 것을 잃어 마땅한 존재입니다. 그런 우리가 대제사장의 자원(資源)을 받아 사는 자가 되었습니다. 그분이 하늘의 재판관 앞에서 우리를 위해 변호하셨기에 우리는 무죄가 되었습니다. 의롭다 함을 얻었을 뿐 아니라 재판관 자신의 영원한 사랑과 보호를 입게 되었습니다. 거룩하신 재판관은 재판석에서 걸어 나와 우리의 사랑의 아버지가 되셨습니다.

다시 이 장의 첫머리에 나왔던 질문으로 돌아갑니다. 부부 관계

> **LOVE**
> 인생의 사건이 우리를 넘어지고 주저앉게 할 때, 그때가 바로 제사장권을 행사하여 하나님의 은혜의 보좌 앞에 나아갈 때입니다.

가 즐거움을 잃어 회복의 희망이 전혀 없을 때 남편과 아내는 어떻게 해야 합니까? '죽음이 우리를 갈라놓을 때까지' 꾹 참고 지내는 살아 있는 순교자의 체념으로 옷을 찢어야 합니까? 이혼을 통해 비참한 생활에서 벗어남으로 옷을 찢어야 합니까? 배우자보다 더 나를 만족시켜 줄 다른 사람을 찾아 관계를 맺음으로 옷을 찢어야 합니까?

아니면 전능하신 하나님의 제사장으로서 이런 반응을 모두 무가치하고 부당한 것으로 여겨야 합니까? 하나님이 계시는 곳에 결코 절망의 씨앗은 있을 수 없습니다. 복되고 만족스런 부부 관계의 회복에 배우자가 자기 몫을 다하지 않을지 모릅니다. 그러나 하나님 앞에 신실한 자세로 감정을 쏟아 놓고, 그분만 붙들기로 한 헌신을 확인하며, 앞길을 예비하신 그분을 믿는다면, 하나님은 우리를 환난 중에서 지키시며 우리와 더불어 풍성한 교제를 나누실 것입니다. 우리는 계속할 이유가 있습니다. 소망이 있습니다. 하나님의 은혜로 충분합니다.

배우자가 연합의 길에 동조하지 않을지 모릅니다. 그럼에도 우리는 두 가지 헌신, 하나님께 순종하는 헌신과 모든 기회를 살려 배우자를 섬기는 헌신을 지킬 수 있습니다. 그 결과 우리의 결혼 생활은 아마도, 많은 경우 거의 확실히 더 나아질 것입니다. 새로운 차원의 영적 성숙과 주님과의 교제를 경험하리라는 것은 틀림없는 일입니다. 이것이 바로 옷을 찢어서는 안 되는 이유입니다.

결론을 말합니다. 결혼의 연합을 이루는 중 어떤 실패나 낙심이나 비극을 당해도 하나님이 부부 관계를 치유하실 수 있고 더 성숙시키실 것이라는 확신을 잃어서는 안 됩니다. '하나님의 은혜'로 모자랄 만큼 비참한 상황은 존재하지 않습니다. 그리스도인의 결혼 건축은 하나님을 위해 살기로 다짐할 때 반드시 좋은 열매가 맺힌다는 확신에서 시작됩니다. 그리고 그 확신의 근거는 전적으로 하나님의 충만한 은혜라는 결혼의 첫 번째 건축용 블록에 있습니다.

결혼의 기초 2
헌 신

건강한 결혼의 두 번째 건축용 블록은 첫 번째 블록 위에 쌓으면 안성맞춤입니다. 절망할 수밖에 없는 상황에서도 소망을 붙들 수 있을 만큼 하나님의 은혜에 대한 확신이 있다면 하나님이 뭐라고 말씀하시든 기꺼이 헌신할 준비가 된 셈입니다. 그 소망을 좇아 살기에 혹 포기하고 싶은 유혹이 찾아올 때도 마음을 새롭게 다질 수 있습니다.

모든 상황을 합력하여 선을 이루실 주님을 진정 믿는다면 결혼생활에 아무리 중대한 실패가 있어도 이혼이나 포기를 심각하게 고려하지는 못할 것입니다.[1]

나아가 그분이 단지 일하실 뿐 아니라 그 뜻이 언제나 선하다는 사실을 믿는다면, 내면 깊은 곳으로부터 그분의 길을 따르고 싶고 진정 그것을 원하게 됩니다. 하나님의 선하심을 섬세하고 민감하게 아는 그리스도인에게 순종은 강압적 동조가 아니라 자발적 선택입니다. 물론 때로 자신을 굽히는 아픔이 따를 수 있습니다. 값을 충분히 따져 본 뒤 내리는 순종의 결단에는 자연히 순종의 열망이 따르게 마련입니다. 이것이 바로 결혼의 기초를 쌓는데 필요한 두 번째 건축용 블록입니다. 즉 결혼의 헌신을 지킴으로 하나님께 순종하려는 깊은 열망, 하나님은 선하신 분이라는 확신에서 자연스레 흘러나오는 열망입니다.

그러나 성경의 가르침에 순종한다는 것은 선뜻 마음에 내키지 않을 때가 많고 억지 의무처럼 생각될 때도 있습니다. 부부 관계에서 특히 그렇습니다.

쉴 새 없이 불평하고 애정 표현도 할 줄 모르며 남편의 사회적 약점을 꼬치꼬치 캐고 따지는 여자와 사는 남편에게 아내를 사랑하라는 말은 만찬에 초대받은 것이 아니라 바늘방석에 앉으라는 말처럼 들릴 것입니다. 마찬가지로 남편이 아내의 머리라는 성경 말씀을 빙자하여 자신의 이기심과 엉터리 요구를 정당화하는 남편과 사는 아내에게 순종이란 굴욕적 종속을 통한 정체성 상실의 위기로밖에 보이지 않을 것입니다.

하나님의 말씀이 무자비한 폭군의 가혹한 요구로밖에 와 닿지

---

1. 성경이 배우자의 특정 행동(간음, 처자 유기)을 합법적 이혼 사유로 허용한다고 믿는 이들이 많습니다. 자세한 내용은 다음 책을 참고하십시오. Jay Adams, Marriage, *Divorce and Remarriage* (Grands Rapids: Baker Book House, 1981). 그러나 환경이 어떻든 하나님의 은혜는 그리스도인이 계속 순종의 길을 가는 데(독신 생활 포함) 충분합니다.

않는다면 뭐가 잘못돼도 대단히 잘못된 것입니다. 왜 우리는 때로 성경 말씀에 '의무니까 한다'는 식의 마지못한 태도로 반응합니까? 침상에서 내려와 팔굽혀펴기 50회를 실시하라는 훈련소 조교의 명령에 대한 신병의 반응처럼 말입니다. 왜 우리는 길이 멀고 험해도 끝까지 주를 따른다는 뜨겁고 확신에 찬 비전이 없습니까?

혹 우리는 아내를 사랑하고 남편에게 복종하라는 하나님의 말씀을 오해하여 그분이 요구하신 적도 없는 일을 해내려 애쓰고 있는지도 모릅니다. 여기에는 좋은 것은 나쁘게 보고 나쁜 것은 좋게 보는 우리의 죄의 본성에 일부 원인이 있습니다.

순종이 괴롭게 느껴지는 근본 원인이야 무엇이든 이것만은 분명합니다. 배우자를 향해 마지못한 복종이나 억지 동조로 헌신을 지킨다면 그것은 결코 진정한 헌신이 아니라는 사실입니다. 어떤 사람이 선교에 헌신하기로 결단하는 시간에 이렇게 응한다고 합시다. "좋아요. 선교사님 참 훌륭합니다. 나야 죄스러울 뿐이죠. 굶어 죽는 원주민과 지옥행 불신자 얘기는 지금까지 귀가 따갑게 들었거든요. 가야 된다면 가죠 뭐. 어디다 서명하면 되나요?" 이 사람은 어떤 선교사가 될까요?

많은 남편과 아내가 배우자로서 자신의 본분에 이런 태도로 임합니다. 두 번째 건축용 블록은 하나님께 순종하는 것이지만 결코 마지못한 의무적 순종이 아닙니다. 물론 우리는 권위 아래 있으며 하나님의 명령에 따라야 합니다. 그러나 순종은 단순한 의무 이상의 것입니다. 그것은 특권이며, 세상 모든 기쁨을 무색하게 하는 심오한 기쁨의 길입니다.

그런데도 왜 아내를 사랑하고 남편에게 복종하라는 명령은 마치 한창 재미있는 시간을 보내고 있을 때 그만 놀고 집에 들어와 하기 싫은 숙제를 하라고 다그치는 부모의 호령처럼 들립니까? 지금부터, 결혼의 헌신에 혹 마음에 안 드는 배우자를 향한 섬김이 요구된다 할지라도 어떻게 그것을 진정 열망할 수 있는지 살펴보려 합니다.

순종은 단순한 의무 이상의 것입니다. 그것은 특권이며, 세상 모든 기쁨을 무색하게 하는 심오한 기쁨의 길입니다.

다음 세 가지의 필수 개념으로 설명할 수 있습니다.

요점 1: 하나님의 명령에 순종하려는 확고하고 장기적인 기쁨의 헌신에 없어서는 안 될 기초는 하나님의 선하심에 대한 확신입니다.

요점 2: 하나님의 선하심에 대한 믿음에서 비롯되는 순종은 의무적 복종이 아니라 깊은 열망의 표현으로 느껴집니다.

요점 3: 결혼의 헌신을 지킬 때 기쁨이 없다면 그것은 배우자 잘못이 아닙니다. 배우자가 아무리 마음에 안 들어도 예외일 수 없습니다. 기쁨이 없는 것은 하나님의 선하심에 대한 내 믿음이 부족하기 때문입니다.

요점 1: 참된 헌신의 기초는 하나님의 선하심이다.

그리스도인 상담자는 대개 사랑을 감정보다 결단과 행동으로 정의합니다. 우리가 하나님의 사랑을 아는 것은, 하나님이 뭔가 '느끼셨기' 때문이 아니라 '하셨기' 때문입니다. 감정이 있든 없든 배우자를 사랑하라는 말을 흔히 듣습니다. 더 이상 배우자를 사랑할 수 없다는 사람에게 사랑의 행위를 계속하다 보면 머잖아 사랑의 느낌도 따라온다고 말합니다.

이런 생각에는 행동의 기초가 하나님의 진리 말씀이어야 한다는 바른 가정이 깔려 있습니다. 우리는 변덕스런 감정에 좌우되는 게 아니라 기분이 따라 주든 말든 상관없이 성경 말씀대로 살아야 합니다.

이렇듯 하나님은 행동을 통해 그분 자신의 사랑을 오류의 여지 없이 분명히 보이셨습니다. 그러나 또 하나 분명한 사실은 그분의 행동에는 진실한 감정이 함께 있다는 점입니다. 그분은 나를 위해 뭔가 하셨을 뿐 아니라 나에 대해 뭔가 느끼신 분이기도 합니다. 예를 들어 호세아서에서 하나님은 백성의 반역과 불충으로 인해 당신의 마음이 찢어질 것 같다고 말씀하십니다. 자비롭게도 그분은 이 백성을 누차 당신의 아내라 부르십니다.

하나님의 사랑에는 행동과 감정이 함께 있습니다. 마찬가지로 배우자를 사랑하려는 우리의 헌신도 생기 없는 기계적 행동에 그쳐서는 안 됩니다. 행동에 대한 열정이 있어야 합니다. 그런 열정은 어떻게 생겨납니까?

사랑의 느낌이란 사랑의 행위에 뒤따른다는 것이 일반의 주장입니다. 사랑의 행동을 계속하면 언젠가는 상대에게 사랑의 감정이 생긴다는 것입니다. 그러나 이 논리에는 한 가지 약점이 있습니다. 그것은 바로 문제의 핵심을 놓친다는 점입니다. 많은 남편과 아내가 아예 배우자를 사랑하고 싶은 마음이 없습니다. 이런 사람들에게 목사나 상담자가 강하게 설득해 특정 행동을 하게 할 수 있을지 몰라도 결혼 생활은 별로 달라지지 않습니다.

여기서 우리는 딜레마에 부딪힙니다. 자발적 열망으로 배우자를 사랑하고 싶은 마음이 생겨야 하는데 사랑의 행위가 그 열망을 가져다주지 못한다면 그때는 어떻게 해야 합니까? 기계적 친절과 전면 후퇴 중에서 하나를 택해야 합니까? 어쩌면 성령께서 마음에 불을 붙이실 때까지 기다려야 할지도 모릅니다. 남편과 아내는 정확히 무엇을 어떻게 해야 합니까?

전형적 상담 장면을 봅시다.

남　편: 아내를 사랑할 수 없습니다.
상담자: 사랑을 희생적으로 섬기려는 자발적 의지로 정의한다면 당신은 아내를 사랑할 수 있습니다. 따뜻하게 말할 수 있고 애정을 표현할 수 있고 특별하게 대우할 수도 있습니다.
남　편: 소용없습니다. 물론 그럴 수 있겠지요. 하지만 속이는 것 같은 기분이 들 겁니다. 아내에게 조금도 좋은 감정이 없습니다.
상담자: 할 수는 있지만 하고 싶지 않기 때문에 안 하겠다는 겁니까?
남　편: 소용없습니다. 그것은 거짓입니다. 사랑하고 싶은 마음조차 없습니다. 지난주에 아내가 무슨 일을 저질렀는지 아십니까? 글쎄 그 여자가….

남편의 생각을 지배하는 가정을 잘 보십시오. 그것은 결혼의 헌신을 지키려는 열망이 전적으로 배우자의 태도나 행동에 달려 있다는 가정입니다. 요컨대 이런 것입니다. "아내가 먼저 잘해 주면 나도 잘해 주고 싶을 것이다. 하지만 아내가 잘해 주지 않으면 나도 잘해 주고 싶지 않다. 의무로 할 수는 있지만 원해서 할 수는 없다. 지금 내가 할 수 있는 최선의 일은 사망의 골짜기 같은 결혼 생활이라도 지속하여 하나님께 순종한다는 체념뿐이다. 하나님의 명령에 순종할 수는 있지만 사랑하고 싶어 잘해 줄 수는 없다. 나를 이렇게 대하는 사람한테 사랑할 마음이 든다는 것은 절대 있을 수 없는 일이다."

상담자가 이 남편에게 아내가 쌀쌀맞고 무심해도 '친절을 베풀라'는 과제를 준다면 그것은 별 도움이 못 됩니다. 그 이상이 필요합니다. 결혼이 그리스도와 교회의 연합을 제대로 반영하는 관계가 되려면 배우자를 사랑으로 섬기려는 뜨거운 열망이 있어야 합니다. 그나마 열망이 없는데 배우자가 자꾸만 더 찬물을 끼얹는다면 도대체 그런 경건한 열망을 어디서 찾아야 합니까?

'느껴질 때까지 계속하는 것'이 답입니까? 한 가지 예를 들어 문제의 답을 찾아보겠습니다.

초등학교 2학년 때였습니다. 의자를 들고 가다 놓쳐 그만 오른쪽 엄지발가락을 다치고 말았습니다. 발톱이 갈라지면서 피가 났고 나는 악쓰며 고래고래 비명을 질렀습니다. 몇 시간처럼 느껴지던 몇 분이 지난 뒤 나는 병원에 누워 있었고 옆에는 전화를 받고 달려온 엄마가 서 있었습니다. 내 괴로운 울부짖음을 턱 한 번 쓱

문지르는 것으로 받아넘긴 냉정한 인간으로밖에 안 보였던 의사는 발톱을 살펴보더니 바늘을 꺼내 들었습니다. 바늘로 발톱을 찌르려 한다는 것을 알고 나는 공포에 질렸습니다. 바늘에 찔리고 싶은 마음이 조금도 없었습니다.

속수무책으로 엄마를 올려다봤습니다. 엄마는 미소를 지었습니다. 행복한 미소가 아니라 '힘내라'는 격려가 담긴 미소였습니다. 이 상황에서 웃을 수 있는 여자라면 냉정한 새디스트 아니면 아들이 이 고통의 순간을 선한 계획의 한 부분으로 보기 원하는 사랑의 어머니, 둘 중 하나일 것입니다. 나는 엄마를 알았습니다. 엄마와 7년을 함께 살았고, 엄마가 내 편이라고 믿을 만한 충분한 이유가 있었습니다.

엄마의 미소로 인해 나는 아프고 괴로운 과정 동안 가만히 누워 있는 것을 견디고 싶은 마음이 생겼습니다. 의사의 의중에 대해서는 확신이 없었습니다. 여전히 위험해 보였습니다. 그러나 엄마의 선한 뜻에는 절대적 확신이 있었습니다. 바로 그 확신에서, 엄마가 인정하는 일이면 무엇이든 하겠다는 자발적 의지가 생겼습니다. 엄마의 선함이 좋은 결과에 대한 보증이 된 셈입니다.

선뜻 내키지 않는 일에 대한 열망은 전적으로 내게 그것을 원하는 분의 성품에 대한 인식에 달려 있습니다.

많은 남편과 아내가 종종 그럴듯한 이유로 자신의 결혼을 상처 난 엄지발가락을 날마다 긴 바늘로 찌르는 일로밖에 보지 않습니다. 더 이상 앉아 있을 필요가 있습니까? 왜 자리를 박차고 나가지 않습니까? 목표가 즉각적 고통 해소라면 고통의 조건을 잘라 내는 것이야말로 훌륭한 방법입니다. 심한 고통을 겪는 자라면 누구나 목표는 한 가지, 즉 고통을 줄이는 것입니다. 당장 덜 아픈 길이라면 아무거나 좋아 보이고 고통이 심해지는 길은 무조건 나빠 보입니다. 아플 때 사람들은 다급히 진통제를 찾습니다. 이런 행동은 전혀 비정상이 아닙니다. 머리 아픈 사람이 벽에 머리를 찧는다면 그것은 고통을 감수하려는 고결한 마음이 아니라 정신적으로 문제가 있다는 증거입니다.

그러나 하나님은 남편과 아내에게 상처의 헌신일지라도 계속 지킬 것을 명하심으로 이 상식적 논리를 깨뜨리십니다.

하나님이 그 자녀들에게 장차 유익하지 않은 일은 절대 요구하시지 않는다는 철저한 확신 없이는 결혼의 헌신을 지키려는 열망은 생겨나지 않습니다. 이것은 당연한 일입니다. 동기를 믿을 수 없는 자의 말을 따른다는 것은 무의미한 일이기 때문입니다.

하나님의 인도에 쉽게 따르지 못한다는 것은 곧 그분의 선하심에 확신이 없다는 말입니다. 하나님이 정말 복 주려는 것인지 이용하려는 것인지 의심이 듭니다. 헌신이 흔들리는 것은 본질상 의지의 문제가 아니라 믿음의 문제이기 때문입니다. 우리는 현 배우자에게 헌신을 지키라고 하시는 하나님이 선하신 분임을 믿지 못합니다. 그분이 선하신 분임을 안다면 그분의 인도에 진심으로 순종하고 싶을 수밖에 없습니다. 그것이 바로 의사의 바늘을 견디라며 웃음 짓던 엄마의 격려에 대한 내 심정이었습니다.

결론적으로, 연약한 헌신에 대한 기본 해답은 재헌신의 노력이 아니라 온전한 믿음입니다. "기분이 들든 말든 아내를 사랑하고 남편에게 복종하라"는 말은 문제의 뿌리에 도끼를 갖다 대지 못합니다. 순종의 기반으로 하나님의 선하심을 바로 알지 못하면 그런 격려는 기껏해야 분노와 불화의 잡초가 번식하는 것을 막는 역할밖에 못합니다. 숨은 뿌리덩굴을 찾아 뽑는 데는 역부족입니다. 꽃은 있지만 그 꽃은 깨어진 약속이 자란 흉한 결과입니다. 순종의 권면은 중요하고 옳습니다. 그러나 그 권면을 기쁘게 받아들이려면 먼저 하나님의 선하심을 분명히 알아야 합니다.

알코올 중독이나 일 중독자 남편을 둔 아내, 밤마다 얼음덩이같이 차가운 아내를 둔 남편, 깐깐한 조교 밑에서 생활하는 훈련소 신병, 이들에게 아무리 훌륭한 헌신을 가르쳐도 하나님의 선하심에 대한 깊은 인식만큼 도움이 되지는 않습니다. 둘은 서로 맞물려 있습니다.

하나님 말씀에 순종할수록 그분의 선하심을 더 깊이 깨닫게 되고 그분의 선하심을 깨달을수록 더 순종하고 싶어집니다. 하나님의 선하심에 대한 인식이 없는 순종은 기쁨 없는 부자연스런 헌신을 낳습니다. 반대로 하나님의 선하심을 알면서도 순종하지 않으면 그것은 얄팍하고 죽은 지식에 지나지 않습니다.

결혼의 헌신을 지키는 것이 의미 있는 것은 우리에게 그것을 명하시는 하나님이 우리의 최선을 원하는 좋으신 분이기 때문입니다. 그분이 우리를 위해 예비하신 길은 우리에게는 한없는 기쁨을, 그분께는 놀라운 영광을 가져다줍니다. 하나님의 뜻에 따르려는 열망은 그분의 성품에 대한 인식에서 자연히 흘러나옵니다.

요점 2: 하나님의 선하심에 대한 믿음에서 비롯되는 헌신은 의무적 복종이 아니라 깊은 열망의 표현으로 느껴진다.

굶주린 사람에게 가난한 옆집에 먹을 것을 주라 한다면 아마도 순종하고 싶지 않을 것입니다. 눈앞에 음식이 있다면 자기부터 먹으려 할 것입니다. 이처럼 내게 절실히 필요한 것을 남에게 준다는 것은 쉬운 일이 아닙니다. 주고 싶은 마음은 이치를 벗어나 불가능해 보입니다.

결혼 생활에서도 배우자의 행복을 위해 내 행복의 소망을 포기해야 될 것 같은 때가 있습니다. 최근 어떤 남편이 눈물짓는 아내 앞에서 내게 이렇게 말했습니다.

"아내는 내가 이혼을 번복하기 원합니다. 하지만 나는 아내와는 행복할 수 없다는 것을 잘 압니다. 선생님은 아내에게 이혼의 아픔을 주지 말고 내 만족을 희생하라고 하십니다. 죄송하지만 내 행복이냐 아내의 행복이냐 따져야 한다면 순교자가 될 마음은 없습니다."

하나님의 결혼 인도를 이렇게 (어쩌면 무의식중에) 보는 이들이 많습니다. 우선순위를 내 행복이 아니라 상대의 행복에 두는 것은 왠지 손해 같습니다. 그러나 잊지 마십시오. 그런 태도로 사는 한 우리는 보상을 조건으로 결혼 서약을 지키는 것입니다. 배우자에게 준 만큼 나한테도 돌아올 때에만 약속을 지킵니다. 결국 보상은 점점 줄어듭니다. 내 행복과 상대의 행복 중 택일해야 하는 순간마다 결혼의 헌신은 마치 자유와 기쁨을 송두리째 앗아가는 감옥처럼 느껴집니다. 자연히 헌신 쪽을 택하면 '형기(刑期)를 치르는' 기분을 떨칠 수 없습니다.

다음의 전형적 대화를 들어 보십시오.

상담자: 결혼이 남편의 필요를 채울 수 있는 독특한 기회임을 아십니까?

아　내: 알아요. 남편이 자신감을 갖도록 세워 줘야 한다는 말이지요. 몇 년 해봤어요. 별 도움은 안 되지만 그래도 계속할 작정이에요.

상담자: 왜요?

아　내: 왜라니요?

상담자: 왜 남편을 계속 섬기려 합니까?

아　내: 그래야 하니까요.

상담자: 의무니까 한다는 말인가요? 하지만 당신은 그럴 마음이 없습니다. 정말 그러고 싶지 않습니다.

아　내: 맞아요. 그러고 싶지 않아요.

상담자: 그렇다면 내가 보기엔 계속할 이유가 없습니다.

당황한 아내는 상담자인 내가 이혼이나 별거를 주장하는 것인가 하여 깜짝 놀랍니다. 조금도 그런 뜻이 아닙니다. 아내는 남편에게 복종해야 하고 섬김의 수고를 다해야 합니다. 그러나 좋은 아내가 되고 싶은 마음이 전혀 없다면 그런 노력은 기계적으로 원고를 읽는 연극이나 다를 바 없습니다. 좋은 아내가 되는 데 전혀 도움도 되지 않습니다.

그렇다면 까다롭고 냉정한 남편을 둔 아내의 마음에 어떻게 섬기고 싶은 마음이 들 수 있을까요? 그것은 성경 말씀에 대한 강압적 복종으로는 되지 않습니다.

굶주린 사람을 다시 생각해 봅시다. 옆집에서 굶주린 사람을 위해 특별 잔치를 마련합니다. 푸짐한 음식의 맛보기로 새우 칵테일 전채와 최고급 갈비를 건네며 잔치에 청합니다. 음식은 얼마든지 충분히 있다고 알립니다. 문득 굶주린 사람은 담 너머 혈색 없고 비쩍 마른 가난한 옆집 사람을 봅니다. 이웃의 필요가 가슴 깊이 와 닿습니다. 일단 그 생각이 들자 빌려 온 잔디 깎는 기계며 시끄러운 파티에 관한 이전의 모든 실랑이가 다 잊혀집니다.

조금 더 상상해 봅시다. 잔치를 베푼 사람이 굶주린 사람에게, 고기 한 조각을 옆집에 갖다 주며 잔치에 청하게 합니다. "글쎄요. 내키지는 않지만 나쁠 것도 없겠군요. 좋습니다. 그렇게 하죠." 그는 이렇게 말할까요? 아니면 기쁨으로 뛰쳐나가 잔치의 기쁜 소식을 정말 음식을 나누고 싶은 마음에서 전할까요?

하나님의 공급과 우리의 필요라는 맥락에서 볼 때 그리스도인의 결혼도 이 비유와 같습니다. 나의 모든 필요는 그리스도 안에서 완전히 채워졌습니다. 하늘의 풍요가 이미 나의 것입니다. 그분은 그것을 믿으라고 하십니다. 믿음을 돕기 위해 맛보기를 주십니다. 안타깝게도 하나님의 선하심을 진정 맛보고 경험한 그리스도인이 너무 적습니다. 많은 그리스도인에게 주님과의 교제의 기쁨과 그분의 이름으로 이웃을 섬기는 기쁨은 전혀 감격스런 현실이 아닙니다. 하나님을 향한 헌신이 부족하기 때문입니다. 그러나 그리스도께 모든 것을 바친 사람은 하나님이 주시는 진정한 기쁨과 평안을 압니다.

결혼이 숭고한 섬김의 소명임을 바로 알 때 우리는 상대의 깊은 필요를 볼 수 있으며, 그 필요를 의미 있게 채워 줄 수 있습니다.

하나님은 우리에게도 당신께 받은 것을 다른 이들과 나누라고 하십니다. 굶주림을(지금은 부분적으로 나중엔 온전히) 채움 받은 사람의 분명한 시력으로 이제 배우자의 거슬리는 행동 이면에서 그에게도 내가 즐기는 음식에 대한 똑같은 필요가 있음을 봅니다. 그러면 불쌍히 여기는 마음이 듭니다. 하나님의 도구가 되어 상대의 배고픔에 완전한 만족이 있다는 희망을 전하고 싶은 열망이 생깁니다.

한 문장으로 요약하면 이렇습니다. 내 깊은 갈망의 해답을 그리스도 안에서 찾았다면 그 갈망에 비추어 상대의 필요를 알 수 있으며, 내가 그리스도 안에서 만족을 찾았다는 사실이 상대에게도 만족을 전하고 싶은 열망을 불러일으킵니다.

이런 논리가 듣기엔 좋지만 배우자와 다투며 살아가는 매일의 실상과는 거리가 멀게 느껴집니까? 이것이 일상생활과 별개로 보인다면 그만큼 우리의 삶이 정상적인 그리스도인의 삶에 못 미치고 있다는 단적인 증거입니다. 그리스도인이 하나님의 선하심을 맛보고 경험하는 것은 지극히 정상입니다. 인간은 그분의 선하심을 확신하고 자신의 삶에 대한 그분의 계획에 만족할 때만 자신을 섬김의 도구로 내줄 수 있습니다. 결혼이 숭고한 섬김의 소명임을 바로 알 때 우리는 상대의 깊은 필요를 볼 수 있으며, 부부라는 독특한 위치를 살려 그 필요를 의미 있게 채워 줄 수 있습니다.

우리는 하나님의 선하심 속에서 만족을 경험하지 못하기 때문에 상대를 내 필요를 채워 줄 대상으로 봅니다. 그리고 상대가 그것을 감당하지 못하면 불안을 줄이려고 뒤로 물러나 방어 자세를 취합니다. 그럼에도 '성경을 믿는 그리스도인'이기에 우리는 하나님이 의무 수행을 좋아하신다는 확신 하에 순종의 순교자라도 된 마음으로 결혼의 책임을 품위 있게 지속합니다.

주로 어떤 때 섬기기보다는 자신을 보호하려 드는지 주기적으로 내면의 동기를 살피며, 약한 모습 그대로 하나님의 뜻에 복종하여 그분을 경험하는 그리스도인은 하나님의 선하심을 맛보는 자입니다. 이런 사람에게 결혼의 헌신이란 자발적 열망에 따라 배우자와 선한 길을 동행하는 기회로 보입니다. 결혼 서약이 부담스런 의무가 아닙니다.

요점 3: 결혼의 헌신을 지킬 때 기쁨이 없다면 그것은 배우자 잘못이 아니다. 잘못은 내가 하나님의 선하심을 믿지 못하는 데 있다.

세 번째 요점은 당연히 처음 두 요점에서 파생됩니다. 내게 영적 열매가 부족한 것을 다른 사람이나 환경 탓으로 돌리는 태도만큼 악한 것은 없습니다. 성경은 분명히 말합니다. 기쁨이란 성령의 통치에 나를 맡길 때 성령께서 내 삶 속에 맺으시는 열매입니다. 그런데도 분노나 낙심이 기쁨을 막을 때 우리는 즉각 다른 사람을 탓합니다.

우리는 무의식적 자기 의(義)의 세계에 살고 있습니다. 자신이 얼마나 많은 일을 참으며 사는지 늘 자신과 상담자에게 할 말이 많습니다. 상대에게서 잘못을 찾으려는 이런 태도에는 아주 교묘한 비

성경적 전제가 깔려 있습니다. 내게 기쁨이 없음은 배우자 탓이라는 핑계입니다. 상대만 변화되면 나도 자상한 남편, 순종하는 아내가 될 수 있습니다. 기쁨은 성령의 열매가 아니라 배우자의 태도와 행동의 열매가 됩니다.

남편의 주관적 행복이 아내의 태도에 적잖이 의존하고 있음은 사실입니다. 아내가 남편을 사랑하고 존경하기에 남편은 아내의 친절과 내조를 한껏 향유합니다. 아내의 이런 태도로 인해 남편은 사랑의 헌신을 훨씬 쉽고 기쁘게 지킬 수 있습니다. 아내가 남편에게 대든다면 그리스도가 교회를 사랑하신 것같이 아내를 사랑하기로 한 서약은 의심의 여지없이 심각하게 위축됩니다. 전적으로 하나님을 의지하기에 여전히 남편으로서 충실히 사랑하고 섬기겠지만, 아내가 거역하기 이전의 섬김의 기쁨은 상당히 줄거나 사라질 것입니다.

그렇다면 우리의 기쁨은 어디에 있습니까? 기쁨이 사라질 때 배우자의 달라진 태도 탓으로 돌리면 안 됩니까? 사랑의 헌신을 지키려 애쓰다 낭패감이 들고 기쁨이 사라질 때 그것을 상대 탓으로 돌릴 수 없습니까?

아무리 상대의 반응으로 인해 마음이 위축될 수 있다 해도, 배우자를 섬길 때 기쁨이 없다는 것은 내 삶에 대한 하나님의 계획이 선하다는 사실을 충분히 믿지 못한다는 증거입니다. 그 계획에 훌륭한 배우자가 포함된다면 그분의 선하심을 쉽게 믿을 수 있습니다. 그러나 매사에 부정적인 사람을 사랑하라고 하실 때에도 선한 계획을 믿는 것은 어려운 일입니다. 그 확신을 놓치지 않을 때 섬김의 기쁨은 사라지지 않습니다.

하나님이 선교사의 노력을 많은 열매로 갚으신다면 선교사는 귀국하여 밝은 얼굴로 신나게 그분의 축복을 간증할 것입니다. 그러나 같은 노력을 쏟고도 외형상 별 열매가 없는 선교사는 그런 흥분을 못 느낄 것입니다. 그렇다고 고개를 숙이고 있을 필요는 없습니다. 낙심의 고통이 현실이며 또 영적 기복과 자기 점검의 계기가 될 수 있지만 하나님의 신실한 종에게는 어떤 순간에도 기쁨의 이유가 있습니다. 그리스도를 위한 자신의 모든 순종 행위가 반드시 본래의 목적을 이루며 그분을 기쁘시게 한다는 확실한 약속이 있기 때문입니다.

사실 나라도 사역에 열매가 풍성한 선교사가 되고 싶습니다. 사랑 많은 아내를 둔 남편이 되고 싶은 것과 똑같습니다. 그러나 순탄한 축복 중에 있든 시련의 역경 중에 있든 그리스도인의 궁극적 기쁨의 근거는 같습니다. 즉 우리의 충성이 주님을 기쁘시게 하며 그분의 주권적 계획 속에 유용하게 쓰인다는 확신입니다. 그분의 계획이 선하기에 순종은 신실한 그리스도인에게 어느 것으로도 채울 수 없는 기쁨을 줍니다.

최근 내 사무실에 찾아온 몇몇 부부가 이런 개념을 듣고 고개를 젓는 것을 보았습니다. 이것은 어려운 교훈입니다. 하나님의 은혜가 지속적 순종의 충분한 이유가 된다는 확신(건축용 블록 1)으로 부부 관계를 다시 세운다는 것, 그리고 하나님의 계획은 언제나 선하다는 확신(건축용 블록 2)으로 끝까지 결혼 서약을 지킨다는 것은 결코 쉬운 일이 아닙니다. 이것이 어려운 것은 우선 하나님의 능력을 이해하지 못하기 때문입니다. 그리하여 우리는 문제가 오면 낙심하고 포기합니다. 또한 하나님의 선하심에 대한 인식이 좁고 약하기 때문입니다. 그리하여 우리는 그분의 뜻에 따르고 싶은 참된 열망을 완전히 잃고 맙니다.

8장

결혼의 기초 3

수 용

우리가 지은 결혼을 검사관의 평가에 맡기기 전, 앞의 두 블록에 올려놓을 또 하나의 건축용 블록이 있습니다.

좌절에 빠진 한 남편은 은혜와 헌신의 개념은 쉽게 이해했지만 아직도 문제가 있었습니다. 그의 말을 들어 보십시오.

"하나님은 외형상 어떤 재난도 축복의 통로로 바꾸실 수 있는 분임을 확신합니다. 그 믿음 때문에 지금까지 포기하지 않고 살 수 있었습니다. 하나님과 그분의 계획은 선하다는 것도 압니다. 그렇기 때문에 남편으로서 그분의 인도에 진심으로 순종하고 싶습니다.

하지만 문제가 있습니다. 선생님이 가르쳐 준 충만한 은혜와 건강한 헌신의 개념은 제게 큰 도움이 되었습니다. 그러나 아직도 아내 때문에 미칠 것 같습니다. 아내는 수시로 내 속을 뒤집어 놓습니다. 그런 일에 속 안 뒤집힐 남자는 아마 없을 겁니다. 집은 한 번도 깨끗하게 청소하는 적이 없고 그릇도 몇 날 며칠 싱크대에 쌓아 둡니다. 아내는 그저 환자들 먹이고 성경 공부 참석하기에 정신없습니다. 게다가 도대체 내 말을 듣지 않습니다. 오히려 나한테 성경 구절을 들먹이며 충고합니다.

잘 풀어 보려고 많이 노력했습니다. 하느라고 했습니다. 참아도 보았고, 집안일도 거들어 보았고, 비난도 가급적 안 했고, 혼자 불평 없이 설거지도 수없이 했고, 신경 써서 선물도 사줬습니다. 이제 지쳤습니다. 하루 종일 스트레스 받고 일한 뒤 따뜻한 저녁밥 한 그릇 기대할 수 없는 지저분한 집으로 돌아갈 필요는 없는 겁니다.

따뜻한 환대라도 기대했다가는 낭패지요. 그런 건 없습니다. 이쪽에서 아무리 진심으로 섬기려 애써도 저쪽에서 정말 미치게 만듭니다. 도대체 어떻게 해야 됩니까?"

아무리 사이가 가깝고 서로에게 헌신적이라고 해도 부부라면 누구나 상대 때문에 속상하거나 미칠 것 같은 상황을 경험합니다. 그럴 때 염치없고 정떨어지는 상대를 어떻게 수용해야 합니까? 하나님의 은혜와 선하심의 개념만으로 충분한 답이 못 됩니다.

성경은 타인을 대하는 바른 태도가 참는 것 이상, 훨씬 이상이라고 가르칩니다. 우리는 하나님이 우리를 받으신 것같이 서로 받아야 합니다(롬 15:7). 사랑 안에서 서로 용서해야 하며, 그것은 체념의 한숨과는 다릅니다(엡 4:32). 사랑과 인내와 자비의 성령의 열매를 보여야 합니다(갈 5:22). 그리스도인의 관계에는 현상 유지의 심리 이상의 것이 필요합니다. 왜냐하면 하나님이 은혜로 지키시는 관계인 까닭입니다. 그 관계에는 서로 섬기려는 진지한 헌신 이상의 것이 필요합니다. 어떻게든 우리는 서로 수용해야 합니다.

수용이란 섬김의 열망을 뛰어넘는 것임을 분명히 알아야 합니다. 나환자를 섬기는 선교사가 하나님과 불쌍한 이들에 대한 깊은 헌신으로 힘든 사역을 계속 감당하는 것은 가능한 일입니다. 그러나 흉측하게 일그러진 한 환자를 수용하는 것은 전혀 별개의 문제입니다. 특히 환자가 증오에 차 고마움도 모르는 자라면 더욱 그렇습니다.

아내가 교회의 골칫거리가 되어 모임마다 다니며 수다를 떠는 통에 성도들이 귀를 틀어막기 바쁠 때 남편은 어떻게 해야 합니까? 말썽 많은 아내를 수용한다는 것은 무슨 뜻입니까?

이번에는 한 아내의 고충을 들어 봅시다. 남편은 그릇을 입에 대고 단숨에 밥 한 그릇을 먹어 치웁니다. 입 안에 든 음식을 삼킬 때나 잠깐 숨 돌릴 틈이 날 정도입니다. 남편의 행동이 경박해도 헌신을 지켜야겠지만 아내의 당황하고 창피한 기분까지 잘못된 것은 아닙니다.

불완전한 배우자와 함께 사는 일상 속에서 때로 수용의 과제는 혹독한 시련이 됩니다. 그러나 아무리 상대의 못마땅한 습관이 방해가 되어도 그리스도인 부부는 서로 온전히 수용해야 하며, 수용은 본질상 느낌으로 전해져야 합니다.

지금부터 은혜(건축용 블록 1)와 헌신(건축용 블록 2) 위에 수용(건축용 블록 3)을 더하는 것이 어떤 뜻인지 살펴보려 합니다. 먼저 두 가지 핵심 요점으로 시작하겠습니다.

요점 1: 배우자를 수용하는 것과 배우자에게 유쾌감을 느끼는 것은 다릅니다. 전자는 책임이고 후자는 축복입니다.

요점 2: 배우자를 수용하는 것은 용서에 달려 있고, 용서는 배우자의 못마땅한 행동을 성경적 맥락에서 보려는 마음에 달려 있습니다.

요점 1: 수용과 유쾌감의 차이

결혼 건축에서 자신의 현 위치에 대한 현실적 평가보다 중요한 것은 없습니다. 문제를 바로 알아야 해답을 찾을 수 있습니다.

하나님은 어떤 문제도 능히 해결하실 수 있는 분이기에 우리는 결코 문제를 부인해서는 안 됩니다. 결혼이란 때로 신경질적이고 재미없고 유치하고 못마땅한 사람과 함께 사는 삶입니다. 상대의 장점만 보고 자신의 도리만 다함으로써 부정적 측면을 무조건 피하는 것은 결혼의 연합에 아무 도움도 되지 않습니다.

한쪽에서 상대에게 좌절을 주는 긴장의 순간은 심각성의 차이는 있어도 어느 부부에게나 있게 마련입니다. 그러므로 우리는 내게 좌절을 주는 배우자를 수용한다는 것이 무슨 뜻인지 이해해야 합니다.

우선 사람이 기분 상할 때 나타나는 현상을 생각해 봅시다. 여기에는 적어도 두 가지 구별되는 반응이 있을 수 있습니다. 하나는 결정이고 하나는 감정입니다.

배우자가 나를 화나게 하거나 실망시킬 때 우리는 계속 섬김의 헌신을 지킬 것인지 자기 보호의 행동 뒤로 숨을 것인지 결정할 수 있습니다. 상처를 줄이고 비슷한 사건을 피하는 것이 자연스런 반응입니다. 충동대로 편한, 혹은 덜 불편한 길을 찾을 수도 있고 어떤 대가가 따르더라도 의지적으로 섬김의 목표를 고수할 수도 있습니다. 나의 필요를 위해 상대를 조작할 것인지 상대의 필요를 위해 섬길 것인지 결정하는 것입니다.

인간관계의 사건에 대한 두 번째 반응은 감정입니다. 우리는 느낍니다. 사건이 긍정적이고 친절한 것이면 기분 좋고, 사건이 위협적이고 잔인한 것이면 기분 나쁩니다. 기분의 좋고 나쁨은 전적으로 사건의 성질로 결정됩니다. 내 선택의 문제가 아닙니다. 아내의 욕을 듣고도 기분 좋기로 선택할 수 없으며 아내의 칭찬에 기분 좋은 것도 선택이 아닙니다. 감정이란 선택의 결과가 아니라 상황에 대한 자연스런 반응입니다.

이것이 분명해야 합니다. 아무리 자신의 인격적 필요를 채우실 분으로 하나님을 의지하고(영적 연합) 또 배우자를 섬기기로 굳게 다짐해도(정신적 연합) 불쾌한 사건은 불쾌감을 낳습니다.[1] 나사로가 죽었을 때 예수님은 우셨습니다. 삭개오가 회심하자 그분은 천사들과 함께 기뻐하셨습니다. 감정의 종류는 사건의 성질이 결정합니다.

대체로 사건은 크게 두 부류의 감정을 유발합니다. 정확한 느낌은 다를 수 있지만 감정이란 기본적으로 유쾌감 아니면 불쾌감의

---

1. 오늘날 모든 사건을 가치 중립적인 것으로 보는 사고가 인기를 끌고 있습니다. 사건이 유쾌하거나 불쾌할 수 있는 것은 전적으로 내가 그렇게 규정하기 때문이라는 것입니다. 이런 개념은 인간이 의미도 도덕도 없는 세계에 살고 있음을 전제하는 것으로 그리스도인이 받아들일 수 없는 개념입니다. 세상은 분명한 성품을 지닌 인격적 하나님이 지으시고 통치하시는 곳이며 따라서 그분의 성품에 부합되는 사건은 좋은 것이고 그분의 성품에 어긋나는 사건은 나쁜 것입니다. 하나님은 사랑이시기에 사랑의 행동은 유쾌한 사건이고 증오의 행동은 하나님의 속성에 명백히 어긋나므로 불쾌한 행동이 됩니다.

범주에 듭니다. 별 감정을 유발하지 않는 사건도 있습니다. 아내가 새 칫솔을 사는 일은 내게 유쾌감도 불쾌감도 주지 않습니다. 이런 비감정적 사건은 여기서 우리의 관심이 아닙니다. 확연한 감정 반응을 유발하는 행동에 초점이 있습니다.

배우자를 향한 행동 중 상대에게 감정 반응을 일으키는 구체적 행동을 사건이라 합시다. 그 사건에 유쾌감이 들지 불쾌감이 들지는 전적으로 사건의 성질이 결정한다는 사실을 잊지 마십시오. 이런 일차 감정은 전혀 우리 책임이 아닙니다.

"시험을 당하거든 온전히 기쁘게 여기라"(약 1:2)는 야고보의 권면은, 영적인 사람은 거부당해도 아픔을 느끼지 말아야 한다는 뜻이 아닙니다. 하나님은 인간을 관계의 감각 신경을 지닌 사회적 존재로 지으셨습니다. 다리를 맞으면 아픕니다. 아프지 않다면 다리에 이상이 있는 것입니다. 마찬가지로 거부당하고도 유쾌하다면 정신에 이상이 있는 것입니다. 남편의 신랄한 비난에 불쾌감을 느끼는 아내가 그런 기분에 대해 죄책감을 품는 것은 잘못입니다. 거부당하고도 기분 좋다는 것은 영적 성숙의 증거가 아니라 심리 장애나 가식적 신앙의 증거입니다.

첫 번째 요점을 정리하면 이렇습니다. 우리는 배우자의 행동이나 사건에 두 가지로 반응합니다. 섬김과 조작의 결정은 전적으로 내 선택에 달린 일입니다. 유쾌감과 불쾌감의 감정은 전적으로 사건의 성질에 달려 있습니다. 결정은 사건에 대한 행동이고 감정은 사건이 낳은 반응입니다.

결혼 세미나 강사로부터 서로 수용하라는 말을 들을 때, 그 말을 배우자에게 항상 유쾌감을 느껴야 한다는 뜻으로 받아들이는 부부가 많습니다. 그러나 배우자의 부당 대우에 불쾌감이 드는 것은 정상이요 피할 수 없는 일입니다. 수용에 유쾌감이 포함돼야 한다면 부당한 대우를 하는 배우자를 수용하는 것은 불가능한 일입니다.

수용이 유쾌감이라면 남편은 아내의 행동이 달라져야 수용할 수 있다고 생각할 것입니다. 아내의 반응도 똑같을 것입니다. 배우자에 대한 수용과 유쾌감을 혼동할 때, 부부는 서로 상대의 수용 (실은 유쾌감) 부족을 탓할 것입니다.

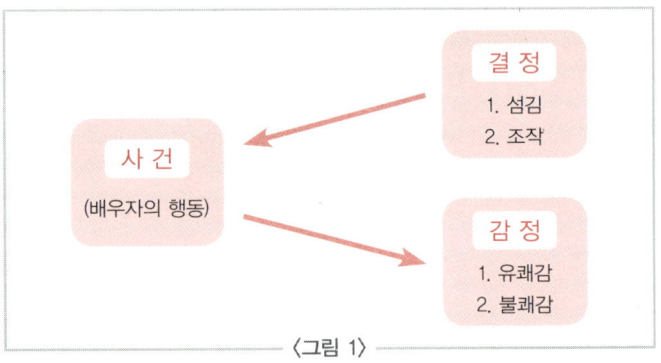

〈그림 1〉

성경은 배우자를 용납하라고 말합니다. 이는 하나님께서 우리가 유쾌감을 느낄 수 없는 배우자도 수용할 수 있다고 보신다는 뜻입니다. 상대의 행동이 유쾌한 것이든 불쾌한 것이든 나는 배우자를 수용할 수 있습니다. 상대가 나를 친절하게 대하면 유쾌감은 그대로 축복이 됩니다. 그러나 설사 상대가 불쾌감을 주어도 나는 수용의 책임을 받아들여야 합니다. 이렇듯 수용이 유쾌감이나 불쾌감의 감정 반응과 무관한 것이라면 과연 무엇일까요?

'수용이란 조작을 버리고 섬기려는 결정과 밀접한 관계가 있으며 그렇게 결단만 하면 아무리 못마땅한 배우자도 얼마든지 섬길 수 있다'는 생각은 분명 잘못은 아닙니다. 그러나 수용이란 섬김의 결단 이상의 것입니다. 사실 배우자를 수용하지 않고도 섬김의 결단을 얼마든지 지킬 수 있습니다. 섬김의 주체와 대상 사이에 상당한 거리를 두고도 얼마든지 충실한 섬김은 가능합니다. 그러나 그 관계에는 연합을 방해하는 요소가 있습니다. 바로 수용 부족입니다.

수용이 배우자에 대한 기본 감정으로 규정될 수 없으며 그러면서도 섬김의 헌신을 지키려는 결단 이상의 것이라면, 수용이란 과연 무엇을 의미합니까? 못마땅한 배우자를 수용하는 법을 온전히 이해하려면 용서의 성경적 개념을 살펴보아야 합니다.

요점 2: 배우자를 수용하는 것은 용서에 달려 있고, 용서는 배우자의 못마땅한 행동을 성경적 맥락에서 보려는 마음에 달려 있다.

메리가 빌을 속상하게 합니다. 빌은 불쾌감을 느낍니다. 그러나 그런 행동에도 불구하고 아내를 섬기려는 자신의 결정을 확인합니다. 하지만 뭔가 빠져 있습니다. 빌은 그것을 알고 있고 아내도 곧 알게 될 것입니다. 하나님께 순종하고 싶어 아내를 섬기기로 다짐했으나 그 사랑의 노력이 왠지 기계적 몸짓 같습니다. 남편으로서의 본분이 하나의 연극으로 전락되어 마치 자신이 각본대로 움직이는 듯한 묘한 불안을 느낍니다.

아내에게 다가갈 때마다 부자연스런 기분이 들어 기도하던 빌은 자신의 마음속에 깊은 원한이 있음을 느낍니다. 아내가 한 일을 떠올릴 때마다 원한이 더 깊어진다는 사실도 느낍니다. 빌은 아내에 대한 이런 감정이 연합의 노력에 확실한 방해가 된다는 것을 깨닫습니다. 그래서 내면의 이 분노를 제하여 아내를 진정 수용하기로 다짐합니다. 원한을 품은 채 수용할 수는 없습니다. 우선 원한의 불을 꺼야 합니다. 그래야 아내를 섬기려는 따뜻한 마음이 자연스레 우러날 수 있고, 하나님의 선하심뿐 아니라 아내에 대한 깊은 관심 때문에 사랑의 열망이 생길 수 있습니다.

빌은 그리스도인 상담자에게 도움을 청합니다.

"아내를 수용하고 싶습니다. 그래서 아내에 대한 관심이 더 자라가기 원합니다. 하지만 마음속의 원한을 어떻게 제할 수 있습니까?"

상담자가 답합니다. "분노가 남아 있는 이유는 아직 아내의 잘못을 용서하지 않았기 때문입니다. 원한이 있다는 것은 용서의 작업이 제대로 이루어지지 않고 있다는 뜻입니다."

상담자의 말을 잘 생각한 빌은 아내를 진정 수용하려면 반드시 용서가 필요함을 깨닫습니다.

이 비유에 암시된 수용의 정의를 잘 보십시오. 수용이란 과거의 일에 대한 분노나 억지로 해야 된다는 부담 없이 상대를 섬기는 것입니다. 수용에는 사건에 대한 반응의 두 가지 요소가 다 포함됩니다. 즉 '섬기겠다는 결정'과 '섬김을 방해하는 감정이 없는 상태'입니다.

첫째 요소는 단순히 섬김과 조작 중에서 내가 선택하는 것입니다. 둘째 요소는 좀 복잡합니다. 상한 감정이란 없애고 싶다고 뜻대로 없어지는 것이 아닙니다. 그러나 못마땅한 사람을 진정 수용하려면 상대의 과거의 잘못으로 인한 반감을 어떻게든 털어야 합니다. 어떻게 원한 없이 상대를 수용할 수 있습니까?

> **LOVE**
> 수용이란 과거의 일에 대한 분노나 억지로 해야 된다는 부담 없이 상대를 섬기는 것입니다.

성경은 여기에 대한 답을 간단히 한 단어로 말합니다. 그것은 바로 용서입니다. 원한에서 선의로, 인위적 친절에서 우러나는 사랑으로 바뀌는 데는 '용서'가 필요합니다. 용서가 무엇이며 용서의 작업이 어떻게 분노의 잡초를 뿌리 뽑는지 정확히 이해하면 큰 도움이 됩니다. 그것을 이해하려면 우선 원한의 근원을 찾아야 합니다.

인격의 두 가지 기본 필요인 안전감과 중요감을 다시 생각해 봅시다. 이 필요가 그리스도와의 관계 속에 완전히 채워졌기에 우리는 남에게 줄 수 있는 충만한 자원을 가지고 인생에 접근할 수 있습니다. 주님이 주시는 자유에는 배우자에게 아무것도 요구하지 않을 수 있는 자유가 포함됩니다. 배우자가 거부하거나 멸시하면 물론 상처가 됩니다. 그러나 주님의 사랑과 계획 때문에 우리는 받지 못해도 계속 줄 수 있습니다. 따라서 배우자의 가장 못마땅한 점에 대해서도 조작이 아닌 섬김의 목표를 고수할 수 있습니다.

그러나 배우자에게 아무것도 요구하지 않는다는 사실을 아무리 거듭 확인하며 살아도 우리는 계속 상대에게 많은 것을 바랍니다. 친밀함과 감정적 지원과 존경과 인정과 성적 만족과 그 이상의 것들을 원합니다. 이런 갈망이 있기에 상대의 행동이 기대에 어긋나면 기분 나쁘고 속상합니다. 아무것도 바라지 않는다면 상대의 어떤 행동도 아픔이 되지 않을 것입니다. 그러나 우리는 배우자에게 바라는 것이 있으며 마땅히 그래야 합니다. 하지만 원하는 것을 얻지 못하면 어쩔 수 없이 불쾌감이 듭니다. 이 상처와 불쾌감이 어떻게 원한으로 악화됩니까?

전에 쓴 책에서, 사건에 대한 구체적 감정은 대부분 그 사건에 대한 우리의 평가에 따라 좌우된다고 말한 적이 있습니다.[2] 사건이 일어납니다. 이 사건을 자신의 신체적, 인격적 안전에 대한 심각한 위협으로 본다면 깊은 불안과 분노를 느낄 것입니다. 그러나 그 사건을 고통은 있지만 자신의 인격에 본질적 피해를 주지 않는 것으로 본다면 비록 기분 나쁘고 화나도 내면이 흔들리지는 않을 것입니다. 이 원리를 잘 보여 주는 예가 있습니다.

수술실에서 나오는 의사의 얼굴이 침울하다면 밖에서 기다리던 남편은 당연히 망연자실할 것입니다. 그러나 불륜에 빠진 남자가 파탄 없이 결혼 생활을 끝낼 기회를 찾고 있었다고 합시다. 똑같은 사건이 전혀 다른 느낌으로 다가올 것입니다. 한편으로는 슬프겠지만 잘됐다는 생각도 들 것입니다. 구체적 감정은 사건 자체, 즉 아내의 죽음을 알리는 의사의 침울한 얼굴이 아니라 사건이 주는 의미, 사랑하는 아내의 죽음인가 소기의 목적을 보다 쉽게 이룰 수 있는 기회인가에 의해 결정됩니다.

감정 반응이 긍정적인 쪽인지 부정적인 쪽인지, 즉 유쾌감인지 불쾌감인지 결정하는 것은 사건 자체이지만 감정 반응의 구체적 내용과 강도를 결정하는 것은 사건에 대한 개인의 평가입니다.

---

2. *Basic Principle Biblical Counseling* (Grand Rapids: Zondervan, 1975); *Effective Biblical Counseling* (Grand Rapids:Zondervan, 1977).

메리 때문에 기분이 상한 빌에게 무슨 일이 일어나는지 살펴봅시다. 빌의 정당한 즉각적 반응은 불쾌감입니다. 이 감정을 일차 감정 반응이라 합시다.

불쾌한 사건이 일어나자마자 빌은 대개 무의식중에 그 사건을 평가합니다. 사건을 자신의 필요와 연결시켜 해석할 수도 있고 갈망과 연결시켜 해석할 수도 있습니다. 자신의 자존감이 아내의 인정에 달려 있다고 믿는다면 아내의 못마땅한 행동을 자신의 중요감의 필요에 대한 심각한 위협으로 오판할 것입니다.

그리스도는 충만하신 분이기에 빌은 아내의 행동이 자신의 필요와 아무 상관없다는 점을 이해해야 합니다.

그런 깊은 확신이 있다면 아내의 행동에 따른 자신의 감정에 대한 이기적 집착에서 벗어날 것입니다. 물론 아내의 행동을 자신의 갈망에 대한 가슴 아픈 거부로 보고 얼마간 슬픔에 잠길 수 있습니다.

원한으로 악화될 것인지는 사건에 대한 빌의 평가에 따라 좌우됩니다. 아내의 잘못을 자신의 필요에 대한 위협으로 잘못 본다면 불쾌감이라는 일차 감정 반응은 원한이라는 이차 감정 반응으로 신속히 바뀝니다. 그러나 사건을 자신의 갈망에 대한 장애물로 바로 본다면 불쾌감은 실망, 슬픔, 분노라는 이차 감정 반응으로 변합니다.[3]

---

3. 의로운 분노와 죄의 분노의 차이는 보통 이해가 부족한 부분입니다. 부주의한 운전자가 주차장에서 내 차를 긁어 흠집을 냈다면 나는 분노를 느낄 것입니다. 긁힌 차를 생각할 때도 목표가 주님을 영화롭게 하는 것이라는 시각을 잃지 않을 수 있다면 그 분노는 조작적이거나 소모적인 것이 아닙니다. 정당한 갈망(차를 깨끗이 유지하는 것)이 깨졌다는 증거일 뿐입니다. 실망에 분명 분노도 섞여 있지만 목표가 하나님을 기쁘시게 하는 것에서 복수를 행하는 것으로 변하지 않는 한 그것은 의로운 분노입니다. 하나님의 뜻의 성취를 방해하지 않기 때문입니다.

이번에는 정반대 사건을 생각해 봅시다. 메리가 특별한 애정 표현으로 남편을 깜짝 놀라게 합니다. 빌의 일차 감정 반응은 유쾌감입니다. 빌이 아내의 친절한 행위를 자신의 필요 충족에 필수 요건으로 본다면 ("내가 존경받는 존재임을 알리려면 아내의 인정이 필요하다") 유쾌감은 의존심이라는 파생 감정으로 신속히 변합니다. 반대로 빌립보서 4장의 바울처럼 친절을 고맙게 받으면서도 계속 주님만 의지한다면 이차 감정 반응은 따뜻한 비소유적 만족감이 됩니다.

그림으로 나타내면 더 이해하기 쉽습니다. (그림 2, 그림 3)

이제 이 개념을 분명히 알았으므로 용서의 핵심이 무엇인지 알아볼 차례입니다. 마태복음 18장에는 종의 빚을 탕감해 주는 임금 이야기가 나옵니다. 용서의 본질적 의미를 잘 보여 주는 예수님의 비유입니다. 용서란 곧 '빚의 탕감'입니다.

이웃에게 돈을 빌린 사람은 갚을 책임이 있습니다. 채무 상환은 도덕적 의무입니다. 그러나 어떤 이유로든 이웃이 빚을 탕감해 준다면 더 이상 갚을 필요가 없습니다. 채권자가 손해를 감수했기 때문에 채무 부담이 없어집니다.

용서란 내게 빚졌거나 상처 입힌 자에게 갚음을 요구하지 않는 데서 시작됩니다. 이 개념을 인간관계의 빚에 적용해 봅시다. 남편의 기분을 상하게 한 것은 메리의 잘못입니다. 벌을 받아서만 갚을 수 있는 빚과 같습니다. 빌에게 아내를 용서하라고 한다면 그는 상처받은 많은 배우자처럼 이렇게 항변할지 모릅니다. "아내 잘못이다! 아내의 잘못의 대가를 왜 내가 부담해야 하는가? 불공평하다. 죄를 지은 아내를 용서해 궁지에서 벗어나게 하라고? 아니다. 아

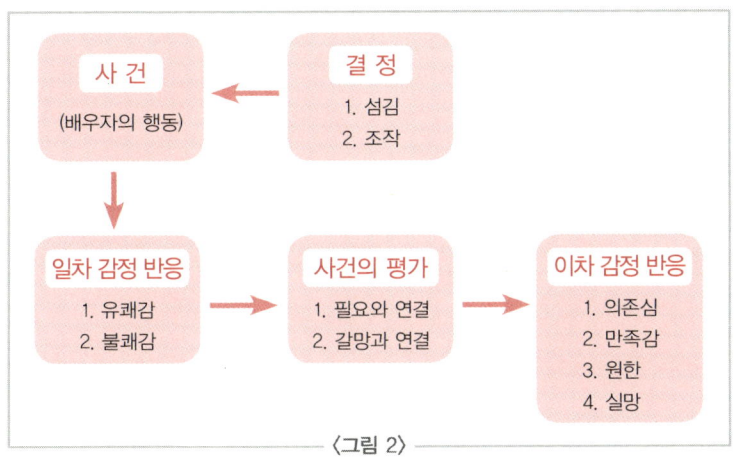

〈그림 2〉

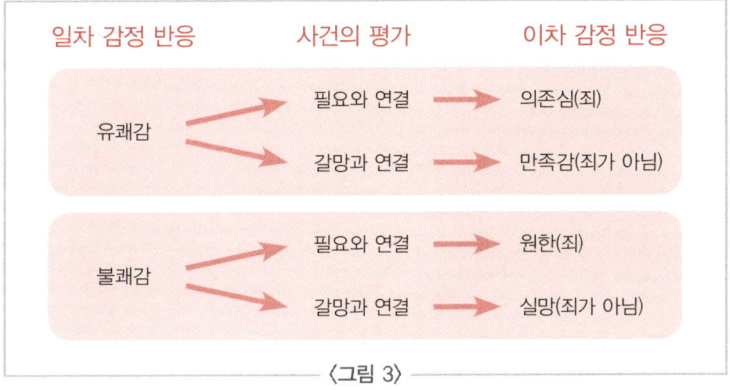

〈그림 3〉

내는 벌을 받는 것이 마땅하다."

이 점이 용서를 어렵게 하지만 용서란 그래서 값진 것이기도 합니다. 잘못한 사람은 벌을 받아 마땅합니다. 용서란 과오를 범한 자에게 과오의 대가인 벌을 요구하지 않는다는 가장 부자연스런 결정을 요구합니다.

용서하지 않는 사람이 잘못한 상대에게 온갖 방법으로 복수하는 모습을 보면 용서의 결단에 어떤 의미가 포함되는지 알 수 있습니다.

- 상대의 잘못을 자꾸 말한다.
- 몸짓에 냉기가 돈다.
- 화내며 토라진다.
- 애정이 식는다.
- 섹스에 응하지 않거나 마지못해 응한다.
- 사소한 친절 행위가 사라진다.
- 자기주장을 내세우며 협조하지 않는다.
- 고자세로 웃는다.
- 꼭 필요한 말 외에는 하지 않는다.
- 은연중에 또는 대 놓고 이혼을 들먹인다.
- 사람들 앞에서 면박을 준다.

얼마든지 많을 것입니다. 복수심 때문에 창의적 상상력이 딸려 더 생각나지 않을 뿐입니다.

상처받은 자의 공상 속에 떠오르는 복수 의도를 다 읽어 낼 수 있는 상담자는 아무도 없습니다. 용서란 복수 행위의 목록을 이 정도로 끝낸다는 결단만으로 되지 않습니다. 용서하려면 상대의 과오에 일체 아무 대가도 요구하지 않겠다는 각오가 필요합니다. 요컨대 용서를 결단하고, 섬김의 헌신을 확인할 뿐 아니라, 못마땅한 배우자를 계속 친절히 대해야 합니다.

원한 때문에 상대를 수용하지 못해 괴로운 남편이나 아내는 여기까지만 듣고 용서란 분명한 결단과 변화된 행동만 있으면 된다고 결론지을지 모릅니다. 과연 용서가 그 둘만으로 가능하다면 용서의 의미는 그림 4와 같이 될 것입니다.

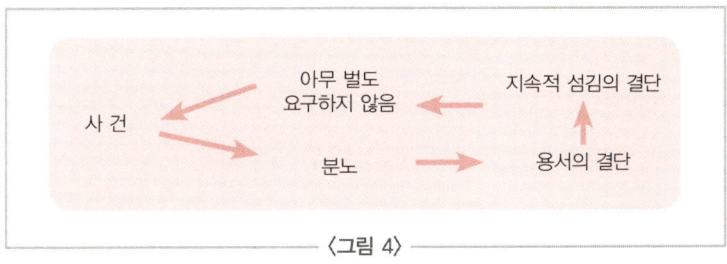

〈그림 4〉

아내를 용서하는 문제로 고민 중인 상처받은 남편 빌이 이것을 실천에 옮긴다고 생각해 보십시오. 과연 자신이 아내를 깊고 따뜻하게 수용하는 쪽으로 가고 있다는 느낌이 들까요? 용서하고 섬기기로 애써 결단하고도 자신의 용서가 불완전한 기분이 듭니다. 아내를 진심으로 수용하려는 마음이 오히려 수용을 방해하는 듯한 아찔한 느낌입니다. 섬기는 과정에서 강박적이고 과민한 의무감이 들지도 모릅니다.

다음 상담 때 빌은 상담자에게 말합니다.

"아내의 잘못을 용서할 수 있습니다. 그러나 마음에서 지울 수는 없습니다. 특별한 감정은 생기지 않지만 그래도 아내에게 잘해 주려 노력하고 있습니다. 용서와 섬김의 결단에 반드시 따뜻한 감정이 필요하지 않다는 것도 압니다. 하지만 아내의 잘못이 마음에 떠오르지 않게 할 수는 없습니다.

떠오를 때마다 다시 화나고 속이 뒤집힙니다. 그래도 계속 잘해 주면 이런 원한이 없어집니까? 화나는 한 정말 수용하고 있다는 느낌이 안 듭니다. 이 뿌리 깊은 분노를 어떻게 해야 할지 모르겠습니다. 용서하고 섬기기로 결단하고 노력해도 이 부분에는 별 도움이 안 됩니다."

좌절한 이 남편이 아내를 진정 수용할 수 있으려면 용서에 대한 깊은 이해가 필요합니다. 용서란 결단과 섬김의 선택만으로 가능합니까? 상대의 과오를 마음에서 지우려는 갖은 노력에도 불구하고 여전히 짓누르는 짐과 분노는 어떻게 해야 합니까? 기억날 때마다 언젠가는 잊히기를 바라며 자꾸 묻어야 됩니까? 잊힌다는 것은 정말 가능한 일입니까?

이런 의문을 품은 이들이 자주 듣는 답은 크게 둘 중 하나입니다. 첫 번째 답은 전혀 불가능하며 두 번째 답은 불완전합니다.

반응 1: 하나님은 용서하실 때 우리의 죄를 잊으신다. 따라서 우리도 남을 용서할 때 잘못을 잊을 수 있고 또 잊어야 한다.

반응 2: 계속 용서하면, 즉 용서하고 섬기기로 결단하고 과오에 아무 벌도 요구하지 않으면 언젠가는 상대의 잘못이 아무 느낌도 유발하지 않는 하찮은 지난 일로 보인다. 과오를 사소한 일로 삭여 의식 세계 밖으로 내보내는 것이다.

하나님은 예레미야 31장 34절에 이렇게 말씀하십니다. "내가 그들의 악행을 사하고 다시는 그 죄를 기억하지 아니하리라." 어떤 사람들은 이 구절을 근거로 반응 1을 주장합니다. 참된 용서에는 망각이 포함된다는 것입니다. 그러나 문제는 그렇게 간단하지 않습니다.

이 말씀은 마치 기억상실증 환자가 제 이름을 잊듯 하나님이 문자적으로 우리 죄를 잊는다는 뜻이 아닙니다. 그런 망각은 결코 선(善)이 될 수 없으며 오히려 정보를 의식 수준에 떠올리는 능력이 없는 정신 기능 결손에 지나지 않습니다. 전지자의 마음에 그런 결손이란 없습니다.

이 말씀은 자비하신 하나님이 우리를 정죄하지 않기로 작정하신다는, 즉 죄를 더 이상 문제 삼지 않으신다는 뜻입니다. 하나님은 그리스도의 구속 사역을 통해 우리의 빚을 탕감하셨고 더 이상 아무 대가도 요구하지 않으십니다. 채무는 이미 끝났습니다. 앞에서 말한 용서의 개념에 이런 의미의 '망각'이 본질상 포함됩니다.

즉 용서란 과오를 범한 자에게 과오의 정당한 대가를 전혀 요구하지 않는 마음과 통합니다. 하나님이 우리 죄를 '망각하신' 것같이 상대의 과오를 망각하라는 말은 기억날 때마다 되살아나는 분노에 별 도움이 못됩니다. 용서를 결단하고 섬김을 선택하라는 말에서 별 진전이 없는 접근입니다. 원한의 문제는 그대로 남습니다.

과오를 잊으라는 말로는 용서의 이해가 깊어질 수 없고 더 낙심만 하게 됩니다. 문자적으로 그런 상담은 뇌의 기억 저장 부위에 손상을 입히거나 병적 억압을 통해 부분적 기억상실증에 걸리게 해야 한다는 주장과 같습니다. 이런 어리석은 처방을 내놓을 사람은 아무도 없습니다.

그러나 그리스도인 중에는 분노의 화산에 뚜껑을 달아 단단히 못을 쳐 두고 사건을 골라서 의식하며 기분 좋은 사건만 생각하면 문제가 해결된다고 생각하는 이들이 있습니다만, 그렇지 않습니다. 그런 노력은 오히려 원한을 깊어지게 하며 적개심이 직접 표현되지 않고 미묘한 죄의 형태로 표출되게 합니다. 결과는 흔히 신체적 질병과 통증, 심한 신경질과 과민 반응, 충동적 과식, 억압된 분노의 복합적 폭발 등으로 나타납니다.

반응 2는 어떻습니까? 과오란 사흘 전 아침 메뉴에 대한 기억처럼 쉽게 잊히는 것입니까?

문제의 기억에서 부정적 자극을 유발하는 힘을 없애려 한다는 점에서 이 반응은 옳습니다. 그러나 내가 보기에 이 반응은 그 목표를 이룰 수 없습니다. 못마땅한 사람을 계속 친절히 대한다고 해도, 비록 용서의 확실한 결단에 따른 것이라 해도 결국 따뜻한 감정이 생깁니까? 사랑의 행동으로 원한 없는 수용을 얻을 수 있습니까?

'감정이 행동을 따라온다'는 개념의 한계를 알아야 합니다. 잠시 그림 2를 다시 보십시오. 이 그림에는 인간관계의 중요한 사건으로 시작되어 일차 감정 반응과 사건의 평가를 거쳐 결국 이차 감정 반응으로 이어집니다. 여기에는 다섯 가지 중요한 원리가 들어 있습니다.

1. 우리는 인간관계의 중요한 사건에 결정과 감정 두 가지로 반응합니다.
2. 결정이란 상대의 잘못에도 불구하고 여전히 섬기는 쪽이 될 수도 있고 잘못을 이유로 상대를 조작하는 쪽이 될 수도 있습니다.

이 결정은 전적으로 개인의 선택이므로 책임도 철저히 자신의 몫입니다.

3. 중요한 사건에 대한 일차적 혹은 직접적 감정 반응은 유쾌감 아니면 불쾌감이며 그것은 전적으로 사건의 성질에 따라 결정됩니다. 이 감정은 선택이 아니기 때문에 우리는 거기에 전혀 책임(칭찬이나 비난)이 없습니다.

4. 일차 감정 반응은 바로 이차적 혹은 간접적 감정 반응으로 옮아가는데 거기에는 각각 죄인 것과 죄가 아닌 것이 있습니다.

(1) 유쾌감은 의존심(죄)이나 만족감(죄가 아님)으로 옮아갈 수 있습니다.

(2) 불쾌감은 원한(죄)이나 실망(죄가 아님)으로 옮아갈 수 있습니다.

5. 일차 감정 반응이 이차 감정 반응 중 어느 쪽으로 옮아갈 것인지는 사건의 성질이 아니라 사건에 대한 개인의 평가에 따라 결정됩니다.

(1) 유쾌한 사건을 필요와 연결시켜 평가하면 이차 감정은 의존심이 됩니다.

(2) 유쾌한 사건을 갈망과 연결시켜 평가하면 이차 감정은 만족감이 됩니다.

(3) 불쾌한 사건을 필요와 연결시켜 평가하면 이차 감정은 원한이 됩니다.

(4) 불쾌한 사건을 갈망과 연결시켜 평가하면 이차 감정은 실망이 됩니다.

사람이 기분 상할 때 일어나는 현상을 다시 생각해 보십시오. 사건은 결정을 요구할 것이고 감정을 유발할 것입니다. 기분 상한 남편 빌이 못마땅한 아내 메리를 진정 수용하기 원한다고 합시다. 그래서 용서를 결단하고 잊으려 애쓴다고 합시다.

용서의 결단이 강박적 의무가 아니라 진실한 선택이라면 아내를 향한 의도적 복수는 전혀 없을 것입니다. 그러나 그런 선택은 쉽지 않습니다. 메리의 과오가 반복적 불륜이라고 생각해 보십시오. 메리는 진심으로 잘못을 빌었고 빌은 용서하고 다시 좋은 관계를 맺기로 했습니다. 상담 중 빌은 아내의 불륜 장면이 떠오를 때마다 느껴지는 참담한 기분을 아내에게 자주 털어놓았다고 말했습니다. 그러면서 물었습니다. "감정을 아내에게 털어놓아야 하는 것 아닙니까?"

나는 이렇게 답했습니다. "그것은 감정을 털어놓는 목표에 달려 있습니다. 당신의 모든 일은 한 가지 목표에 부합해야 합니다. 바로 섬김입니다. 아내의 불륜이 생각나 괴롭다고 말하면 그 말을 들은 아내는 분명 죄책감과 좌절이 커질 것입니다. 당신의 진짜 의도는 그렇게 '털어놓음'으로 아내를 벌하려는 것일지도 모릅니다. 용서와 섬김의 결단에는 상한 감정을 다시 말하지 않는 것도 포함됩니다."

용서의 첫 번째 요소는 과오에 아무런 벌도 요구하지 않는다는 굳은 결단입니다. 거기에는 그 결단을 위반할 수 있는 갖가지 미묘한 방법에 대한 민감한 의식도 포함됩니다.

결단의 의미를 이해하고 용서한 뒤에도 빌에게는 여전히 감정의 문제와 망각의 문제가 남아 있을 수 있습니다.

"깊은 상처와 분노를 어떻게 해야 합니까? 억지로 아내와 함께 잘 수는 있습니다. 하지만 아내가 딴 남자랑 함께 침대에 누워 있는 장면이 도저히 떨쳐지지 않습니다. 정말 한계를 느낍니다. 섹스에 흥미도 잃었습니다. 발기조차 안 돼 망치는 경우도 있습니다. 설사 정상적으로 잘되는 날에도 아내는 내게 문제가 있다는 것을 압니다. 너무 잘 압니다. 어떻게 그런 생각을 지울 수 있습니까? 아내의 외도 장면이 생각나지 않거나 생각나더라도 마음이 뒤집히지 않을 수 있게 되기 전에는 과연 아내를 진정 수용할 수 있을지 회의가 듭니다."

하나 묻겠습니다. 반복적 용서의 태도만으로 과오의 기억이 중화될 수 있습니까? 이 남편이 언젠가는 기억이 없어진다는 확신으로 계속 노력할 경우 어떤 일이 일어날지 생각해 보십시오.

빌이 원한과 혼란을 느낀다면 그것은 아내의 불륜이라는 사건에 대한 평가가 잘못됐다는 뜻입니다. 아내의 과오를 남자로서 자신의 중요감과 연결시키기 때문에 일차 감정 불쾌감이 원한으로 비화됩니다. 그렇다면 원한의 치유책은 재헌신의 노력이 아니라 사고의 교정입니다. 아내의 죄를 자신의 필요에 대한 위협이 아니라 갈망의 장애물로 보지 않는 한 원한은 사라지지 않습니다.

아무리 많은 용서의 행동들을 한다 해도 원한이 실망으로 바뀌지 않습니다. 원한의 직접적 원인이 사건에 대한 그릇된 행동 반응에 있지 않고 사건에 대한 그릇된 평가에 있기 때문입니다.

그런데도 빌이 자신의 잘못된 평가를 바로잡지 않고 용서의 결단만 고수한다고 합시다. 원한은 어떻게 되겠습니까? 흔히들 이 원한은 억압되며 따라서 엉뚱하게 표출될 위험이 있으므로 잘 막아야 한다고 경고합니다. 그러나 내가 이해한 심리 기능에 따르면 억압되는 것은 사건의 기억이지 사건에 대한 감정이 아닙니다. 그것이 전문적으로 훨씬 정확한 말입니다. 다소 전문적이지만 대단히 중요한 부분입니다.

감정은 억압되지 않습니다. 감정 때문에 생기는 신체적 긴장을 해소하지 못할 수 있고 그것을 '감정적 억압'이라 부를 수 있습니다. 그러나 행동의 동기가 되는 주관적 의식 상태인 감정 자체는 억압될 수 없습니다. 감정이 억압될 수 없음에 반해 사고는 억압이 가능합니다. 감정을 유발하는 사건의 기억을 의식적으로 떨쳐 버릴 수 있습니다. 단순히 마음 밖으로 몰아낼 수 있습니다. 그 기억이 자극할 고통을 다시는 맛보지 않으려 문제의 사건을 훌훌 털 수 있습니다. 기분 좋은 (혹은 덜 괴로운) 생각만 골라 할 수 있으며, 연습을 통해 이 부분에서 상당히 탁월해질 수 있습니다.[4]

하지만 이런 억압의 결과는 무엇입니까? 아내의 불륜을 남자로서 자신의 중요감에 대한 침해로 보는 한 빌은 이 상황에서 주님을 의지한다는 것이 무엇인지 이해할 수 없습니다. 아내의 존경을 남자의 자존감의 필수 요소로 보는 잘못된 확신이 그대로 남을 것이고, 그 결과 그리스도가 아닌 다른 사람을 통해 필요를 채우려는 우상 숭배적 목표가 계속 그를 지배할 것입니다.

원한이 해결되지 않은 사람에게 무조건 용서의 결단만 강조하는

---

4. 이것도 지적해 두면 좋을 것 같습니다. 기분 나쁜 사건에 대한 집요한 기억이 주로 복수의 내용이라면 그것은 사건 자체의 기억과 사건이 유발하는 깊은 상처에 대한 방어적 은폐 수단일 경우가 많습니다. 상처보다는 분노가 덜 괴롭기 때문입니다.

것은 주님만 의지함으로 얻는 성숙을 가로막는 일입니다. 연합의 목표와는 거리가 먼 의무적 봉사를 다그치는 일에 지나지 않습니다. 아내에게 잘하려는 빌의 지속적 노력 뒤에는 어딘지 석연치 않은 공허감이 있습니다. 결단의 반복은 진정한 수용이 필요한 연합 추구에는 미흡한 전략입니다. 새로운 마음, 즉 문제의 사건에 대한 달라진 평가가 있어야 합니다.

용서의 결단을 반복하는 것이 억압된 기억, 즉 원한 감정을 유발시킬 위력을 지닌 기억의 문제를 해결하지 못한다면 답은 어디에 있습니까? 사건을 하나님의 시각으로 재평가하는 일입니다. 유쾌한 사건은 아니지만 자신의 안전감이나 중요감과는 무관한 것으로 보아야 합니다. 시각을 바로잡는 일이야말로 용서의 작업의 핵심입니다.

용서의 작업

진정한 용서란 거슬리는 사건을 안전감이나 중요감의 필요가 아닌 사랑에 대한 갈망과 연결시켜 평가한다는 점에서 불완전한 용서와 다릅니다. 거슬리는 사건에 대한 '망각'의 열쇠는 그 사건이 내 목표에 별로 중요하지 않은 것으로 보일 때까지 사건을 재평가하는 데 있습니다. 확실한 용서의 결단에 성령을 좇는 묵상, 다시 말해 자신의 필요가 그리스도 안에서 온전히 채워졌다는 진리에 대한 묵상이 수반된다면 원한이 실망(얼마든지 수용 가능한 감정)으로 바뀔 수 있습니다.

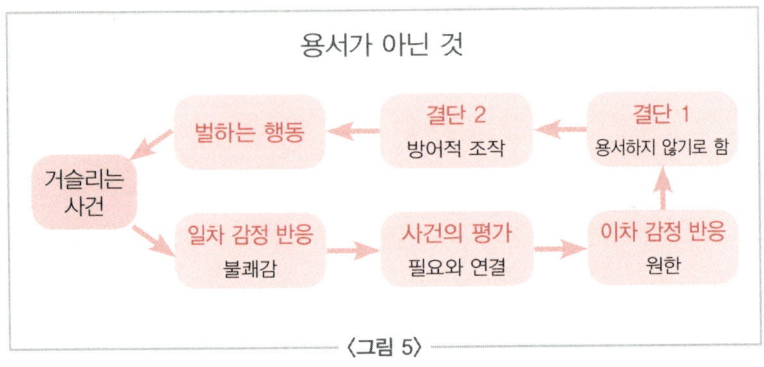

〈그림 5〉

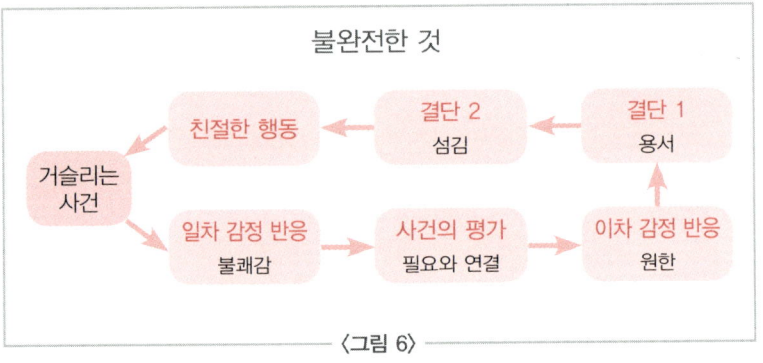

〈그림 6〉

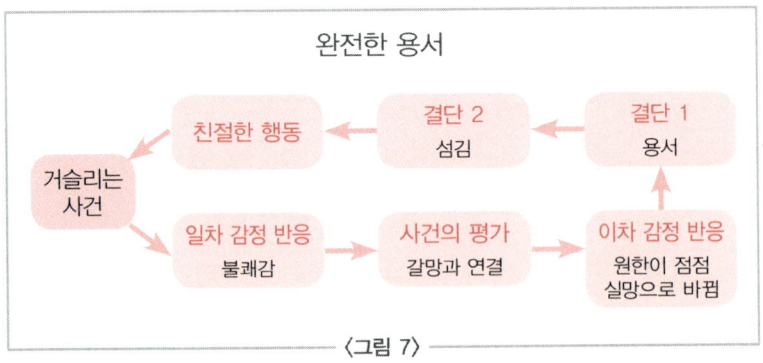

〈그림 7〉

지금부터는 배우자의 거슬리는 사건을, 상처는 되지만 해롭지는 않은 것으로 보는 재평가 과정에 대해 살펴보겠습니다. 요점 2의 문장을 다시 옮겨 적습니다.

> 배우자를 수용하는 것은 용서에 달려 있고, 용서는 배우자의 못 마땅한 행동을 성경적 문맥에서 보려는 마음에 달려 있다.

아직도 원한 때문에 괴로운 빌이 소리칩니다. "하고 싶습니다. 아내의 과오를 재평가하고 싶습니다. 어떻게 하면 됩니까?"

이는 사건에 새로운 의미를 부여하는 법을 묻는 질문입니다. 답은 복잡해 보일지 모르지만 실은 매우 간단한 한 원리 속에 들어 있습니다. 사건의 의미는 문맥에 의해 결정된다는 것입니다. 인간은 사건이 일어난 문맥을 보아 사건의 의미를 평가합니다.

아내가 남편에게 "저쪽으로 좀 가주세요"라고 말한다 합시다. 이 말의 의미는 문맥에 따라 달라집니다. 아내가 거실에서 남편에게 줄 선물을 싸고 있는데 남편이 예기치 않게 집안으로 들어갔다면 이 말은 좋은 뜻입니다. 대판 싸운 뒤 이 말을 했다면 의미는 전혀 달라집니다.

이제 이 원리를 염두에 두어 문제의 사건을 성경적 문맥에 놓을 때 사건의 의미가 어떻게 달라지는지 살펴보겠습니다. 거슬리는 사건을 인격적 필요와 연결시켜 생각하는 사람은 사건의 문맥을 파악함에 있어 전형적으로 세 가지 실수를 범합니다.

첫째, 자신이 그리스도의 사랑과 계획 때문에 안전하고 중요한 존재라는 사실을 깨닫지 못합니다.

둘째, 자신을 현재보다 훨씬 좋은 대우를 받아 마땅한 존재로 생각하는 경향이 있습니다. 공의가 죄인에게 요구하는 바를 잘 모릅니다.

셋째, 자기의 필요에 너무 빠져 있어 남의 필요는 보이지 않습니다.

거슬리는 사건이 갈망과만 상관있다는 사실을 알려면 사건을 바른 문맥 안에서 다시 보아야 합니다.

첫째, 자신의 필요가 그리스도 안에서 온전히 채워졌다는 진리를 붙들어야 합니다. 그리스도 안에서 받은 풍성한 복을 묵상하고, 설사 거부당해 무익하게 느껴질 때에도 자신이 가치 있는 존재임을 담대히 주장하며 그 신분에 합당한 삶을 살아야 합니다. 성경을 배우고 배운 바를 묵상하는 것이 꼭 필요합니다.

마음에 배우자의 거슬리는 행동이 떠오를 때마다 다음 사실을 강하게 반복 주장해야 합니다. 어떤 일이 일어나도 그리스도 안에서 나의 안전감과 중요감은 흔들리지 않는다는 사실입니다. 상대의 거슬리는 행동이 마음에 되살아날 때마다 '내 필요는 그리스도 안에서 다 채워졌다'는 진리를 즉각 떠올리는 것이 바른 접근의 열쇠입니다.

둘째, 자신이 얼마나 큰 용서를 받았는지 기억해야 합니다. 마태

복음 18장 21-35절에서 예수님은 우리에게 마음으로부터 서로 용서하라고 말씀하십니다. 자신이 하나님께 받은 엄청난 용서를 생각할 때 타인을 향한 용서가 자연히 흘러나와야 한  다는 것이 말씀의 주제입니다. 결코 자신을 특별한 대우를 받아 마땅한 자로 여겨 당연한 듯 요구해서는 안 됩니다.

우리에게 마땅한 대가는 영원한 형벌입니다. 하나님이 우리를 용서하사 영원한 기쁨을 주신 것입니다. 배우자의 거슬리는 행동이 생각날 때마다 자신이 하나님께 받은 엄청난 용서를 떠올려야 합니다. 그것을 문맥으로 삼아야 합니다. 하나님의 용서를 맛보는 자만이 진정 다른 사람을 용서할 수 있습니다.

셋째, 바울은 남을 나보다 낫게 여기고 다른 사람들의 일을 돌보라고 권합니다(빌 2:3-4). 아내의 불륜이 떠오를 때마다 빌은 의식적으로 아내의 필요를 생각해야 합니다. 아내의 행동이 자신에게 미치는 영향에 초점을 두기보다는(자신의 유익) 아내가 겪고 있을 어려움도 깊이 생각해야 합니다(상대의 유익).

어려운 일입니다. 사람이란 자기 상처는 크게 보지만 타인의 아픔은 피하는 데 익숙한 존재입니다. "아내에게도 상처가 있다는 것, 물론 압니다. 하지만 나는 어쩝니까? 나도 상처받고 있습니다."

오전에 아내를 화나게 한 남편이 갑자기 심장에 심한 통증을 느껴 급히 병원에 실려 간다면 아내의 기분은 얼마나 신속히 바뀌겠습니까? 배우자를 내게 상처 주는 자로만 보지 않고 자기만의 상처를 지닌 한 인간으로 볼 수 있다면, 상대의 과오에 대한 태도도 무조건 크고 심각하게만 보던 쪽에서 얼마간 대수롭지 않게 생각하는 쪽으로 점차 바뀔 것입니다. 오히려 상대를 섬길 기회로 볼 수도 있습니다.

이런 사고 전환은 용서와 섬김의 확실한 결단 없이는 불가능합니다. 용서의 시작은 결단이며 용서의 지속은 재평가로만 가능합니다.

마지막 두 그림으로 지금까지의 내용을 요약해 보겠습니다.

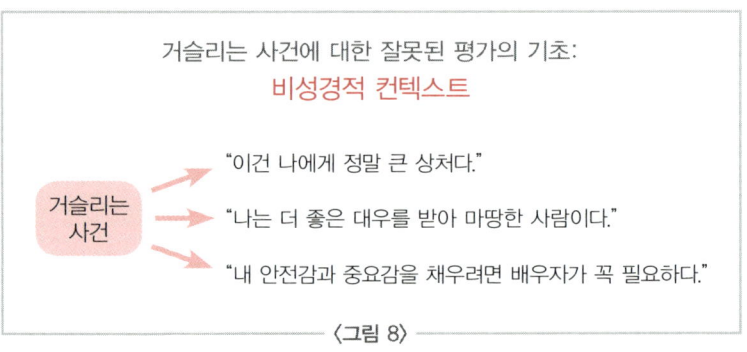

〈그림 8〉

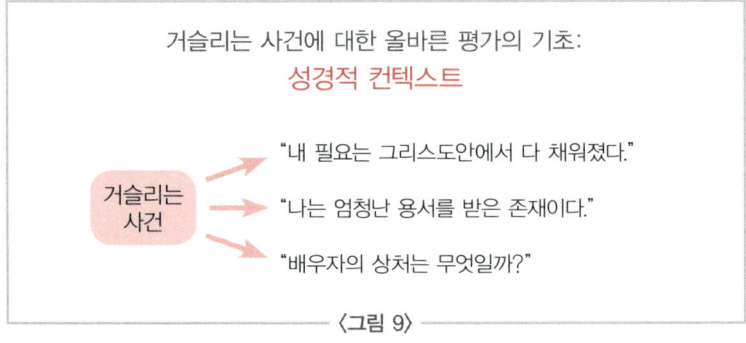

〈그림 9〉

결론

건축용 블록 3은 수용입니다. 배우자를 수용한다는 것은 배우자의 모든 행동에 유쾌감을 느껴야 한다는 뜻이 아닙니다. 배우자를 수용하는 일은 섬김의 헌신을 충실히 지키는 것만으로 되지 않습니다. 수용에는 용서의 결단 이상의 깊은 작업이 수반됩니다.

진정한 수용에는 기꺼이 약한 모습을 내보이는 마음, 거부를 무릅쓰고 문을 열고 나가 자신을 모두 내주는 마음이 요구됩니다. 수용하려면 상대가 상처 줄 때마다 계속 용서해야 합니다. 용서의 작업에는 배우자의 최악의 행동도 내 인격의 기본 필요와는 절대 무관하다는 태도가 필요합니다. 이 진리가 마음속에 확실히 자리 잡고 있어야 상대가 기분 상하게 해도 두려움이나 의무감 없이 자원함으로 섬길 수 있습니다. 배우자를 수용한다는 것은 바로 이런 의미입니다.

지금까지 결혼의 청사진으로 전인적 연합을 얘기했고 그 기초 위에 쌓아 갈 세 가지 건축용 블록을 살펴봤지만 아직도 답하지 못한 질문이 남아 있습니다. 주로 연합을 이루는 과정에서 부부 각자의 책임에 관한 것입니다. 예컨대 이런 것입니다.

- 남편에게 복종한다는 것은 무슨 뜻입니까?
- 남편이 아내의 머리라는 말은 남편에게 아내의 문제에 대한 결정권이 있다는 뜻입니까?
- 아내에게 사랑을 느끼게 하고 남편에게 중요감을 느끼게 할 실제적 대화법은 무엇입니까?

> ■ 부부 관계에 장애물이 끼어들 때 어떻게 해결해야 합니까? 함께 대화해야 합니까? 누가 먼저 말을 꺼내야 합니까? 상대가 마음을 열지 않으면 어떻게 합니까?

이런 질문과 기타 문제에 대해서는 다음 책에서 다루고자 합니다. 결혼의 전인적 연합을 향해 계속 달려가는 우리가 되기를 원합니다.